Sâdhu Sundar Singh

Ein Christuszeuge im indischen Kontext

von

Roswitha Nagel

Tectum Verlag
Marburg 2004

Nagel, Roswitha:
Sâdhu Sundar Singh.
Ein Christuszeuge im indischen Kontext.
/ von Roswitha Nagel
- Marburg : Tectum Verlag, 2004
ISBN 978-3-8288-8596-7

© Tectum Verlag

Tectum Verlag
Marburg 2004

Anstelle eines Vorwortes 5
Einleitung 7
Kapitel I   Die Gestalt des Sâdhu Sundar Singh im Wandel der Zeiten 9
A Zeitgenössische Reaktionen im Westen 9
  1. Zeugnisse von Zeitgenossen und Missionaren.............................. 9
  2. Ablehnung durch die Jesuiten 10
  3. Sâdhustreit 11
  4. Heiler - Söderblom - v. Hügel u.a.. 13
  5. Aufnahme in Europa und USA 15
B Zeitgenössische Reaktionen im Osten 16
  1. Ablehnung von den Sikhs in Indien 16
  2. Skepsis in Tibet 17
Kapitel II   Biographie Sundar Singhs 19
A Elternhaus und religiöse Herkunft 19
  1. Auseinandersetzung mit hinduistischer Literatur und Religion ... 20
  2. Missions- und Regierungsschule 20
  3. Innere Kämpfe - Suche nach Frieden 21
B Religiöser Umbruch 22
  1. Christusvision/Bekehrung/Taufe und Berufung zum christlichen Sâdhu 22
  2. 40-tägiges Fasten 24
  3. Brunnenerlebnis 26
  4. Blutegelerlebnis und andere Wundergeschichten 26
  5. Gotteserfahrung 27
  6. Sâdhu 28
Kapitel III   Einordnung als Mystiker 35
  1. Unterscheidung zwischen fernöstlicher und abendländischer Mystik 35
  2. Mystik ist nicht an eine bestimmte Religion gebunden 36
  3. Was ist nun das Wesen der Mystik? Zum Begriff der Mystik 38
  4. Individuelle und Gemeinschaftsmystik 38
  5. Gottzentrische oder christozentrische Mystik? 39
  6. War Sâdhu Sundar Singh Mystiker? 40
  7. Praktische Übungsmystik bei Sâdhu Sundar Singh 41
     a) durch Yoga, Meditation, Ekstase und Visionen 42
     b) durch Kontemplation, Gebet und täglichen Gottesumgang 44
  8. Das Gemeinsame zwischen indischer und abendländischer Mystik 45

Kapitel IV Der Christuszeuge - Bewußter Vollzug des Christentums 47

A Art und Weise seines Zeugnisses 47
   1. Schriften 47
       a) 'Maktab i Masih' 'At the Master's Feet' 48
           erstes Gesicht 48
           zweites Gesicht 49
           drittes Gesicht 50
           viertes Gesicht 51
           fünftes Gesicht 52
           sechstes Gesicht 52
       b) 'The Search after Reality' 53
       c) 'Gotteswirklichkeit und Religion, Gedanken überGott, Mensch und Natur' 54
       d) 'Innerungen über verschiedene Seiten des geistlichen Lebens' 55
       e) 'Gesichte der Geisteswelt' 55
       f) 'Mit und ohne Christus' 57
   2. Predigten, Vorträge, Gespräche 58

B Orte der 'Evangelisation' - Christusperson der Landstraße 60
   1. Osten (Indien, Tibet, China, Japan) 60
   2. Westen (Europa, USA, Palästina, Australien) 63

Kapitel V Sein Indisches Verständnis vom Christentum 67

A Sundar Singhs Religionsphilosophie in seinem Suchen nach der Gotteswirklichkeit 67
   1. Über Religion und göttliche Wirklichkeit schreibt Sâdhu Sundar Singh sinngemäß 67
   2. Sâdhu Sundar Singh über den Hinduismus 70
       a) Die Wortbedeutung 70
       b) Kennzeichen des Hinduismus 70
       c) Der Begriff 'bhakti' 71
       d) Sâdhu / Sannyâsî 71
   3. Sâdhu Sundar Singh über den Vedânta 72
       a) Sâdhu Sundar Singh über Seelenwanderung und Erlösung 74
       b) Sâdhu Sundar Singh über die Bhagavadgîtâ und Krsna 75
   4. Sâdhu Sundar Singh über den Buddhismus 76
       a) Buddhas Weltentsagung und Lehre 76
       b) Nirvâna 78
   5. Sâdhu Sundar Singh über den Islâm 78

B Sundar Singhs Religionsphilosophie in seinem Suchen nach der
    Gotteswirklichkeit 79
    1. Sâdhu Sundar Singh über das Christentum 79
       a) Prophezeiungen über Christus 79
       b) Christi Leiden und Kreuzestod 80
       c) Christi Auferstehung 80
       d) Einige praktische Beweise für das Christentum 81
       e) Bibelkritik und liberales Christentum 81
       f) Christi Lehre und Beispiel 83
       g) Die Endbestimmung des Menschen 84

Kapitel VI Was hatte Sâdhu Sundar Singh seiner Zeit, und was hat er uns heute noch zu sagen? 87

A Seine Bedeutung für seine Zeit 87
   1. Wie sehen (maßgebliche) theologische Zeitgenossen in Europa
      Sâdhu Sundar Singh? 87
      a) F. Heiler 87
      b) Nathan Söderblom 88
         Nathan Söderblom über Sâdhu Sundar Singh in seiner Schrift:
         Sâdhu Sundar Singhs budskap 88
         Söderblom über Sundar Singh: 90
         Nathan Söderblom über Sâdhu Sundar Singh in seiner Schrift:
         „Tre Livsformer" 91
      c) R. H. S. Boyd 93
      d) Jesuiten 94
   2. Wie sehen bedeutende indische Zeitgenossen Sâdhu Sundar Singh? 95
      M. Gândhi 95
      Ambedkar 97
      Rabîndranâth Tagore 98
      Râmakrishna / Vivekânanda 99
   3. Wie sieht die indische Bevölkerung Sâdhu Sundar Singh? 99
   4. Historischer Aspekt 100
      Brâhmo Samâj 100
      Devendranâth Tagore 101
      Brâhmabandhab Upadhyâyâ 101

B Seine Bedeutung für heute 102
   1. Was war das Besondere an Sâdhu Sundar Singh? 102
   2. Was können wir von diesem ungewöhnlichen Christuszeugen der
      Landstraße lernen? 105
   3. Welche Position bezog Sundar Singh? 105

Zusammenfassende Schlußbetrachtung und Ausblick auf die interkulturelle Theologie ... 107
   A   Weiterentwicklung der Evangelisationsarbeit des Sâdhu ... 108
   B   Herausforderung an die Religionen im Rahmen der interkulturellen Theologie ... 109

Verzeichnisse ... 115
   Literaturverzeichnis ... 115
      I. Quellen ... 115
      II.   Sekundärliteratur ... 115
      III.   Nachschlagewerke ... 119
      IV.   Zeitschriften ... 119
      V.   Indische Quellen ... 119
      VI.   Religiöse Schriften ... 119
   Referenzen ... 120

Appendix ... 121
   Texte und Briefe ... 121
   Zum Begriff der Mystik - Ein Exkurs mit Beispielen ... 125
   Glossarium ... 129
      Sikhismus ... 132
      Hinduismus ... 136
      I. Lokalisation und Entstehung ... 136
      II. Zur Lehre des Hinduismus ... 136
      Die heiligen Bücher der Inder: Die Vêden ... 137
   Die Sprache der Vêden ist das Sanskrit ... 138
   Bedeutung der Upanishaden: ... 139
   Die Bhagavadgîtâ ... 140
   Danksagung ... 141

Anstelle eines Vorwortes

Das erste Kapitel dieser Untersuchung führt uns die wandelnden Eindrücke des Sundar Singh im feed back seiner Zeitgenossen in Ost und West vor Augen.

Im Verlauf dieser Arbeit wird definiert, was ein Sâdhu ist, und woran man einen solchen erkennt. Ein Sâdhu braucht eine Berufung. In Kapitel 2 wird aufgezeigt, daß Sundar Singh – einfach 'der Sâdhu' genannt – eine Berufung erfuhr, ohne die ein Sâdhu nicht denkbar ist, und als christozentrischer Sâdhu in einer Christusvision (der die Taufe folgt) den wahrhaften Ruf Gottes an ihn empfängt: Geh' hin und gib Zeugnis! An die Bekehrung schließt sich die Berufung zur Verkündigung. Mit dieser Forderung des Gottessohnes sind sein zukünftiges Wanderleben und seine Pilgerschaft festgelegt, weitere Kennzeichen eines Sâdhu erfüllt wie Ehelosigkeit, Armut, Schweigsamkeit – mit Ausnahme der Verkündigung.

Dem Ruf seiner Mutter folgend – die ihm ein Leben der Sikhs in der Bhakti-Frömmigkeit vorgelebt hat, wobei wir wissen, dass der Bhakti der Heilige ist, der bessere Mitmensch, der bestimmte Kräfte in der Haltung zu einem anderen entfaltet – wird er Sâdhu, im Unterschied zum Samnyâsi. Der Entschluß, christlicher Sâdhu zu werden, steht ebenfalls fest. Begründung: Hinduismus, Sikhismus und Islâm erfüllen nicht, was Sundar Singh von ihnen erwartet. An den Veden, die er zwar in die Nähe des Christentums rückt, jedoch für unzureichend erklärt, verwirft er den Pantheismus; das unerbittliche Karmagesetz an den indischen Religionen, das Kastenwesen lehnt er ab. Der Sâdhu schlägt nicht den wissenschaftlichen, nicht den theologischen Weg ein, verhält sich a-politisch, wirkt weder sozio-kulturell noch reformerisch; er lebt die Bergpredigt (wie Gândhi, der jedoch im Unterschied zu Sundar Singh orthodoxer Sanatani-Hindu[1] bleibt): Selig sind, die geistlich arm sind usw. Christusvision, Brunnenerlebnis, Blutegelerlebnis, die Fastenzeit, um bedeutsame Ereignisse seines Lebens zu nennen, verschaffen ihm den ersehnten Frieden; im Märtyrerleiden erfährt er die besondere Nähe Christi. Die unmittelbare Gotteserfahrung macht er in seinen häufigen Visionen.

Im dritten Kapitel beschäftigen wir uns mit dem Begriff der Mystik und dem Versuch, zu verstehen, was fernöstliche Mystik von unserer Vorstellung von Mystik unterscheidet. Wir wissen nun, dass die indische Mystik, die es als Terminus nicht gibt, jedoch die verschiedensten Gesichter haben kann – bei uns in Europa ist sie ein komplexes Gebilde – ihren vollendetsten Ausdruck in der Meditation des Yoga findet, und für uns Europäer Umdenken bzw. 'Einfühlung' erfordert.

In Kapitel 4 verschaffen wir uns einen Überblick über Sundar Singhs schriftliches Zeugnis in Form seiner sechs grundlegenden Schriften, in denen uns in seine Religionsphilosophie und auch seine Visionen Einblick gibt, über die Wirklichkeit Gottes in der Natur nachdenkt, zu der auch der Mensch als geistiges Wesen gehört. Er legt dar, wie man mit oder ohne Christus leben kann.

---

1   Gandhi, M.: Jung - Indien. Aufsätze 1919-1922. München/ Leipzig/ Zürich 1924. S. 271 und S. 345

Seine Predigten und Reden, die den Hauptteil seiner Verkündigung ausmachen, zeichnen sich durch Gleichnisse und die Schlichtheit seiner Sprache aus, wodurch seine absolute Christusnachfolge evident wird.

Sein Weg, auf dem er das Evangelium verkündet, beginnt in Indien und führt ihn von dort aus nach Osten und Westen.

Sein indisches Verständnis von der göttlichen Wirklichkeit und den indischen Religionen legt er im fünften Kapitel dar, das auf eine Auseinandersetzung mit dem Christentum hinzielt, dem Gegenstand seiner Konversion. Von den sieben Sakramenten erkennt er nur zwei an: die Taufe und das Abendmahl. In diesem Kapitel wird seine Religionsphilosophie im Blick auf die einheimischen Religionen und das Christentum expliziert.

Mit der Bedeutung und dem spezifisch Besonderen des indischen Christuszeugen für die Menschen seiner Zeit und für die Zeit heute setzt sich das Schlusskapitel auseinander, das auch nach seiner Inkulturation fragt und nach einer neuen Fragestellung an uns.

Einleitung

„*Ex oriente lux!*"

Dieses Wort vom Licht, das vom Osten kommt, hat nicht nur eine natürliche, sondern auch eine tiefe geistige Bedeutung.

Der Osten – der Bogen muss weiter gespannt werden und darf im Osten Europas nicht enden – der ferne, der asiatische Osten als die Heimat aller großen Religionen, die den meisten Europäern auch heute im Zeitalter des Ferntourismus noch fremd bleiben, hat uns vor ≈100 Jahren eine charismatische Individualität wie ein übernatürliches Licht beschert namens Sundar Singh, eine Persönlichkeit, deren geistige Strahlkraft immer noch herüberleuchtet zu uns in den Westen, und deren religiöser Lebensphilosophie nachzuspüren Aufgabe dieser Arbeit sein soll.

Edith Stein hat ein neues, passendes Wort geprägt, das geeignet wäre für das Anliegen solcher Bestrebungen; sie hat es 'Einfühlung' genannt. Die Neuschöpfung 'Eindenkung' gibt es noch nicht. Bei dem Begriff 'Einfassung' denkt man eher an die Begrenzung eines kostbaren Steins, eines Edelsteins, vielleicht eines geschliffenen Diamanten, der zu strahlen beginnt, wenn Licht darauf fällt.

In diesem Sinne soll in dieser Arbeit versucht werden, die seltsam strahlende Persönlichkeit des Sâdhu Sundar Singh, des christlichen Mystikers Indiens, in das Zentrum zu stellen, um ihn, den meditierend über die Gotteswirklichkeit nachdenkenden Christuszeugen im indischen Kontext zu verstehen.

Warum wir uns dem Thema noch einmal zuwenden, obwohl es bereits beachtliche Sekundärliteratur über diesen Mann Gottes gibt, hat verschiedene Gründe:

1. Es gibt eine neue Fragestellung angesichts seiner bisherigen Literatur.
2. Auch gibt es heute eine neue Problemstellung, die es wünschenswert erscheinen lässt, das Thema 'Sundar Singh' neu aufzugreifen.
   Worin besteht die neue Fragestellung?
   Sie besteht im Dialog mit einheimischen Kirchen des Ostens, im dialogischen Gespräch mit einheimischen Kirchen in Indien, für die es wichtig ist, solche Zeugen zu haben.
3. Angesichts der zunehmenden Säkularisierung in der heutigen Zeit tut es not, sich einer solch markanten Persönlichkeit, die im Mystischen beheimatet war, zuzuwenden, um die Frage der Christlichkeit der Kirche neu zu überdenken.
4. Es handelt sich um ein exemplarisches Christsein angesichts einer staatlich inzwischen selbständig gewordenen Gesellschaft, die ungeheure Umwälzungen hinter sich gebracht hat, auch im Indien der heutigen Welt zunehmend einem Wertewandel unterliegt und eine andere Gestalt annimmt.

Es ist weder Absicht noch Aufgabe dieser Arbeit, die Weltreligionen im allgemeinen oder speziell die schillernde Vielfalt der Religionen des indischen Subkontinents darzulegen. Was Hinduismus, Brâhmanismus, Buddhismus, Lamaismus, Jainismus, Parsismus, Sûfismus oder Islâm sind, und welche Zielsetzungen und Inhalte diese Religionen aufzuweisen haben, das läßt sich überall nachlesen und darf bei den Lesern dieser Arbeit vorausgesetzt werden. Nicht nach dem Wesen der Religionen soll gefragt werden, sondern die persönliche Bezugnahme des Sâdhu Sundar Singh zu ihnen ist zu beleuchten. In seinen Schriften bezieht er zu diesen konkret Stellung.

Gegenstand dieser Arbeit bleibt – als beispielhaftes Thema im 'Dialog mit dem Osten'[2] – die rätselhafte Persönlichkeit des Sâdhu Sundar Singh, um dessen Auftreten, 'missionarische' Wirksamkeit und Zuordnung in den indischen Kontext die Recherchen dieser religions-philosophischen Arbeit kreisen.

Wodurch hebt sich dieser scheue, zurückhaltende Mann, der 'Christuszeuge der Landstraße', 'Apostel des Ostens und Westens', 'Heiliger' oder gar 'Betrüger', 'Irrlehrer' und 'Psychopath' genannt wird, aus dem Zusammenhang der großen indischen Religionen heraus, die den Hintergrund seiner Herkunft bilden?

---

2   Bürkle , H.: Dialog mit dem Osten. Radakrishnans neuhinduistische Botschaft im Lichte christlicher Weltsendung. Stuttgart 1965

Kapitel I Die Gestalt des Sâdhu Sundar Singh im Wandel der Zeiten

A Zeitgenössische Reaktionen im Westen

1. ZEUGNISSE VON ZEITGENOSSEN UND MISSIONAREN

„An der Tür eines englischen Hauses erscheint ein seltsamer Gast: eine hoch aufgerichtete Gestalt in langem, safrangelbem Gewand, das Haupt mit einem mächtigen Turban verhüllt. Aus dem olivfarbenen Angesicht, das von einem schwarzen Bart umsäumt ist, treten zwei sanfte, dunkle Augen hervor; sie künden von einem wunderbaren Frieden, von einer unaussprechlichen Güte des Herzens.

Der Fremde nennt dem Mädchen, das ihm die Tür geöffnet, seinen Namen: Sâdhu Sundar Singh. Sie blickt ihn voller Erstaunen an, eilt hinweg und ruft ihre Herrin: „Da ist jemand, der Sie sprechen möchte; seinen Namen kann ich nicht verstehen, aber er sieht aus wie Jesus Christus."[3]

„Auf kanaresische Kinder in Mangalur machte er einen solch tiefen Eindruck, dass sie am anderen Tage tief bewegt ihrer Lehrerin erzählten, sie hätten einen Mann gesehen und gehört, der ganz dem Herrn Jesus gleiche."[4]

„Ein englisches Kind, das ihn hörte, sagte: „Er spricht in Gleichnissen wie Jesus."[5]

Rebecca Parker, eine mit Sâdhu Sundar Singh befreundete Missionarin, die sein Leben beschrieben hat, äußert sich über ihn: „Überall, wo er geht, hört man sagen: „Wie er doch Christus gleicht!"[6] "Ohne Unehrerbietigkeit darf man sagen, dass Sâdhu Sundar Singhs [...] von den lebenden Menschen den besten Jesusbildern wohl am nächsten kommt."[7]

Ein Missionar bei den Mahratten, Jean Fleury, beschreibt ihn: „Dieser Mensch ist eine lebendige Predigt; ich habe nie jemanden getroffen, der so wie er Christum schauen lässt."[8]

---

3 Heiler, F.: Sâdhu Sundar Singh. S. 5 und S. 216; Streeter, B. H. & Appasamy. A. J.: Der Sâdhu. S. 40. Über die äußere Gestalt des Sâdhu vgl. Westminster Gazette 10. März 1920 bei Parker, R.: Sâdhu Sundar Singh. S. 143

4 Schaerer, M.: Sâdhu Sundar Singh. Ein Apostel Jesu Christi in Indien. Zürich 192. S. 92

5 Parker, R.: Sâdhu Sundar Singh. Called of God. S. 147

6 Heiler, F.: Sâdhu Sundar Singh. S. 5. Ähnlich Zahir.: The Lover of the Cross. S. 12. Vgl. Westminster Gazette. 10. März 1920

7 ebd.

8 Heiler, F.: Sâdhu Sundar Singh. S. 5

Das engl. Mädchen an der Tür des Hauses war nicht die einzige Person, die die Heiligkeit Sundar Singhs erkannte. Den vielen Männern Frauen und Kindern, die Sâdhu Sundar Singh in Asien, Europa und den USA zu Gesicht bekamen, erging es ähnlich; sie glaubten, Christus sei auferstanden.

Dieser indische Christusjünger gleicht in seiner apostolischen Wirksamkeit, seinem wundersamen Lebensweg, in seiner großartigen Innerlichkeit dem Völkerapostel Paulus, ehedem 'Saulus'.[9]

Wie Paulus ist auch Sâdhu Sundar Singh aufgrund einer Vision bekehrt worden; wie Paulus hat auch Sâdhu Sundar Singh die frohe Botschaft „von keinem Menschen empfangen, sondern durch Offenbarung Jesu Christi"[10]; wie Paulus erfüllte er den Missionsauftrag: 'Gehet hin in alle Welt!' und legte Zeugnis ab von der Macht und Gnade des Heilandes; wie jener hat er um des Evangeliums willen alles auf sich genommen und alles erduldet.[11]

Der Februar 1918 blieb den Christen aller Bekenntnisse in Trivandrum denkwürdig in Erinnerung; denn der Besuch des Sâdhu bedeutete vielen ein tiefes Glaubenserlebnis: „Such a figure has never passed through the Indian Church before; and in passing he left the deep consciousness that God had visited His people", bekennt ein Missionar.[12]

Ein Wesleyanischer Missionar beschreibt den Sâdhu so: „The Sâdhu has a noble presence. He is tall with a well-shaped head and fine features [...]. His bands and feet are delicately formed and exquisitely kept. He is scrupulously clean in person and attire. The only dress he about his body. No one can look upon him for the first time without being struck by his close likeness to the traditional portrait of Christ."[13]

R. Parker sprach von ihrer großen Freude über die erstaunliche Kraft des Sâdhu Sundar Singh , andere Menschen zu Christus zu bekehren.[14]

2. ABLEHNUNG DURCH DIE JESUITEN

Da christliche Mystik außerhalb der Kirche für unmöglich gilt, wird seine Vision von Seiten der römisch-katholischen Kirche angezweifelt. Besonders stark in der Ablehnung machen sich die Jesuiten[15], die Sâdhu Sundar Singhs aufs schärfste bekämpfen. Expeditionen einzelner Jesuiten nach Indien und Tibet im 17./18. Jh sind nach-

---

9 vgl. Oehler, W.: Paulus und der christliche Sâdhu Sundar Singh; Heiler, F.: Sâdhu Sundar Singh. S. 216 $^{5 und 6}$

10 Gal. 1 V.12

11 vgl. 2. Kor. 11 V. 23 ff; 6 V. 4 ff.

12 Parker, R.: Sâdhu Sundar Singh. Introduction

13 ebd.

14 ebd.

15 Von den heute weltweit ~23.000 Jesuiten leben ~3.000 in den USA, ~4.000 in Indien, ~200 in Deutschland, ~60 in München

gewiesen und führten dazu, dass die Hauptstadt Lhasa bis ins 19. Jh erneut verschlossen blieb. Ihre missionarische Tätigkeit musste aus Mangel an Erfolg abgebrochen werden. Tibet galt als 'nicht missionierbar'. Möglicherweise neideten die Jesuiten dem Sâdhu seine 'missionarischen Erfolge' in Tibet.

3. SÂDHUSTREIT

Widersprüche und Übertreibungen in des Sâdhu Berichten wie auch manche Darstellungen, die späterer Nachprüfung nicht standhielten, führten zusammen mit seinen Schilderungen über wunderhafte Erfahrungen während seiner Reisen zum sog. 'Sâdhustreit', bei dem Sundar Singh Ablehnung (durch die Jesuiten, welche den Sâdhu bekämpften, wie auch durch Einzelpersonen, wie z. B. Hosten,[16] Pfister,[17] Lic. Braeunlich,[18] Zahir,[19] E. Stanley Jones[20] S. Freud[21] u.a.) aber auch Verteidiger und Bewunderer von liberalen Theologen seiner Epoche hatte. (Heiler, Söderblom, Eivind Berggrav in Norwegen, Rev. E. M. Wherry/ Ludhiana/ Cinncinati, Rev. E. E. Fife/ Ludhiana, Missionar of American Presbyterian Mission, Rev. J. Redmann/ Church Missionary Society, der den Sâdhu taufte, die Missionare C. F. Andrews und L. P. Larsen und C. in Indien; Rev. Arthur & Rebecca Parker[22], Canon B. H. Streeter[23] und A. J. Appasamy)[24]

---

16   Pater Hosten, Heinrich (Darjeeling) gilt als Urheber des Sâdhustreites; er betrieb eine gezielte nachträgliche Verurteilung des Sâdhu

17   Pfister, Oskar *1889, Pfarrer in Zürich. Er verhält sich polemisch gegen Sundar Singh und äußert sich in der Leipziger Zeitschrift für Missionskunde und Religionswissenschaft 39 (1924). S. 145-168 über Heilers "Sâdhu Sundar Singh"; vgl. Heilers Brief Nr. 64³ an Söderblom. S. 226

18   Braeunlich, Paul (*1866).Verfasser des Buches: Sundar Singh in seiner wahren Gestalt. Dresden 1927

19   Zahir, A. (Amritsar) Autor des Buches:The Lover of the Cross, der den Sâdhu als erledigt betrachtet

20   Jones, E. Stanley, Missionar: "Wir müssen verhindern, dass der Sâdhu kanonisiert wird"

21   der 1926 an Pastor O. Pfister, seinem Freund und Kollegen der Psychoanalyse, abfällig über den 'fashionable Indian miracleworker' schreibt; vgl. Sharpe, Eric J.: Sâdhu Sundar Singh and his critics. Aus: Religion. London and Boston 1976. S. 48

22   Parker, A., missionary of the London Missionary Society (Trivandram)

23   Prof. der Theologie am Queens College in Oxford

24   Appasamy, A. J. *1891, leitete 1970 eine "erste indische Ausgabe" von Heilers Buch: Sâdhu Sundar Singh, ein Apostel des Ostens und Westens zu Lucknow ein. (Vgl. auch Heilers Brief Nr. 57 an den englisch- österreichischen Katholiken F. Freiherr v. Hügel. Briefwechsel S. 209) Appasamy war einer der engsten Freunde Sundar Singhs und verehrte Sundar Singh wie seinen Guru.

Da im Verlauf dieser Arbeit auch nachgewiesen werden soll, dass Sundar Singh Mystiker gewesen ist, so darf

es uns nicht verwundern, dass der Sâdhu in seinem Auftreten von den rational an ihn herantretenden Kritikern aufs schärfste von diesen verurteilt werden musste, da für sie sein Verhalten theologisch weder erklärbar noch beweisbar noch einzuordnen war. Der Ruf nach Kritik an des Sâdhu Mirakelgeschichten wurden laut. Auch erhob sich der Vorwurf des kritiklosen Sâdhu -Kultes. Seine Befürworter festigten den legendären Charakter seiner Person.

Friedrich Heiler, neben Nathan Söderblom der engagierteste Verteidiger Sundar Singhs, lässt verlauten, dass gleichzeitig mit Erscheinen von 'Search after Reality' ein Aufsatz des Jesuiten Sierp in der Sept.Nr.von 'Stimmen der Zeit' 1924 erscheint, in dem das Ränkespiel gegen den Sâdhu inszeniert und ausgeweitet wird. In diesemAufsatz werden Attacken des indischen Jesuiten Hosten gegen die Glaubwürdigkeit des Sâdhu für den deutschen Leser ausgemünzt. Nach Heiler haben diese 'Enthüllungen' der Jesuiten auf alle diejenigen, die Sundar Singh persönlich kennen gelernt haben, unter ihnen auch angesehene Katholiken, keinen Eindruck hinterlassen. Er verwirft die Tendenz der Jesuiten, die 'den großen Christuszeugen' niedermachen wollen, da er ja der römischen Propaganda in Indien wie in Europa unbequem sei, mit dem Vorwurf der Durchsichtigkeit und springt für Sundar Singh in die Bresche mit den Worten: „Im übrigen bedarf die hehre Gestalt des Sâdhu keiner Verteidigung". Gerade diese Schrift 'Search after Reality' in ihrer Geistesschärfe und Glaubenskraft hält Heiler für eine denkbar geeignete Widerlegung der Angriffe von jesuitischer Seite aus. Heiler verwirft den Vorwurf, Sundar Singh sei Phantast, Schwärmer oder gar ein betrügerischer Psychopath und verteidigt ihn im Gegenteil als einen Nachfolger Jesu, der mit der Wirklichkeit Gottes in ständiger Verbindung stehe, und bezeichnet ihn als Zeugen des lebendigen Christus.[25]

Heiler schreibt am 1. April 1925 an den schwedischen Erzbischof, er habe ihm ein Exemplar seines Buches „Apostel oder Betrüger? Dokumente zum Sâdhustreit" durch seinen Verleger zusenden lassen, in dem er eine Fülle von erstklassigen Zeugnissen gesammelt habe, mit denen er seinen Gegnern, die mit der größten Erbitterung weiterkämpften, entgegentrete[26]. Er gibt seiner Hoffnung Ausdruck, mit diesen Dokumenten und der sachlichen Feststellung der Untersuchungsergebnisse dem feindlichen Lügenfeldzug gegen den Sâdhu Einhalt zu gebieten. Er bittet den Bischof um ein Vorwort zu diesem Dokumentenbuch, um der Wahrheit dadurch einen Dienst zu erweisen; denn Pfister kämpfe zu seinem Bedauern mit haarsträubenden Mitteln.

Auf die Frage „Ist der Sâdhu nun wirklich ein Heiliger?" antwortet der Benediktiner Pater Seiller: „Wir haben kein Recht, ihm die Heiligkeit abzusprechen; er ist getauft, lebt nach bestem Wissen und Gewissen, stellt sein ganzes Leben, das er in Armut und Ehelosigkeit hinbringt, in den Dienst Christi und gehört sicher zur unsichtbaren Kir-

---

25   Heiler, F.: Vorwort zu 'Suchen nach Gott'

26   Briefwechsel 1909-31, Nr. 65. Heiler an Söderblom. S .227 f.

che. Dass Christus ihm erschienen ist, müssen wir ihm glauben; ebenso, dass seine wunderbare Errettung aus dem Brunnen mehr ist als eine Vision und Autosuggestion."[27] „Halluzinationen haben keine so nachhaltige Wirkung, wie sie am Sadhu wahrgenommen wird: sein heiligmäßiges Leben, sein Missionseifer, seine Sehnsucht nach dem Martyrium *müssen* höheren Ursprungs sein. Es lässt sich denken, dass wirklich Jesus den Sâdhu dazu berufen hat, vorläufig seinen Namen unter den Indern zu verbreiten."[28]

In einer Zuschrift an den Verfasser urteilt einer der bedeutendsten katholischen Theologen Deutschlands (sein Name ist nicht genannt): „Die providentielle Bedeutung des Sâdhu scheint mir darin zu liegen, dass er den rationalistisch verseuchten Kreisen der a-katholischen abendländischen Welt ein Leben aus der Übernatur bzw. ein Leben vorführt, das mit dem Glauben an die gottfröhliche Wesensart Christi Ernst macht. Darum muss er nach Gottes Ratschluss einstweilen wohl ein Außenseiter und Einsamer bleiben, weil er als Katholik der a-katholischen 'christlichen' Welt nichts sein könnte."[29]

4. HEILER - SÖDERBLOM - V. HÜGEL U.A.

In seiner Einleitung zum Briefwechsel zwischen Heiler, Söderblom und v. Hügel schreibt Misner[30]: Heiler erwähne nach der Abfassung seiner Schrift vom Katholizismus immer häufiger eine merkwürdige Gestalt aus Indien, den Sâdhu (den „Frommen" oder „Wandermönch") Sundar Singh.[31] Söderblom und Heiler traten für diesen ein gegen seine Kritiker, die seine Wundererzählungen anzweifelten; Heiler widmete diesem jahrelang seine besten Kräfte, wofür wohl als Ursache sein Bestreben anzusehen sei, die noch nicht wegrationalisierte Religiosität des Fernen Ostens im Abendland bekannt zu machen. Da er aber nach allen Seiten hin der Verständigung dienen wollte, mutete er gerade in dieser Sache den Katholiken und den Protestanten ein Ärgernis zu.

„Sundar Singh"[32], über den Heiler mit Vorliebe berichtet,[33] taucht an dieser Stelle zum ersten Mal in diesem Briefwechsel auf[34], „wurde aber bald zu einem vorherrschenden Thema hauptsächlich wegen der Kontroverse über ihn, in die Heiler verwickelt wurde.

---

27 Heiler, F.: Sâdhu Sundar Singh. Ein Apostel des Ostens und Westens. S. 211

28 ebd.

29 ebd.

30 Misner, Paul.: Konfessionskundliche Schriften. Bd. 14. S. 32

31 vgl. Brief Nr. 48. Anm. 6

32 vgl. Religion in Geschichte und Gegenwart V. S. 919 f.

33 s. Appendix: Brief Nr. 92. Heiler an Söderblom, der deshalb ganz wiedergegeben wird, weil in ihm auch von Heiler ein Bezug zu Franz von Assisi hergestellt wird und zum Ausdruck kommt, dass er Sundar Singh, neben "Sorella Maria", für die größte religiöse Persönlichkeit hält, mit der er je zu tun hatte

34 Briefwechsel 1909-31, Nr. 48. Heiler an Söderblom, Fn[6] S. 193

Es handelt sich um einen Nordinder, der zu einem bekenntnismäßig nicht zu fixierenden Protestantismus konvertierte und seinerzeit in Europa sehr bekannt war und zum Teil als Betrüger verschrieen wurde"[35] „Mein Buch über Sundar Singh enthält bereits ein unzweideutiges Bekenntnis zur dogmatischen Christologie", schreibt Heiler an Pater Seiller.[36]

F. Heiler schreibt an Baron F. v. Hügel am 14.12.1923, dass sein Buch über den Sâdhu[37] noch vor Weihnachten erscheinen werde in der Hoffnung, dass seine Ausführungen über des Sâdhus Verhältnis zur Kirche diesem entsprechen werde.[38]

Der engl. österreichische Katholik F. Freiherr v. Hügel[39] schickt Heiler einen Brief über Sundar Singh[40] mit zwei Bemerkungen, die nicht gedruckt, sondern nur Heilers Orientierung dienen sollten, folgenden Inhalts:

„1. Der Sâdhu sollte nicht nach Europa oder Amerika kommen, ist er Apostel Indiens, so bleibe er in Indien. Er hat sehr gefährlich Weihrauch genossen – ist direkt als Heiliger verehrt worden. Gefährlich auch für einen Europäer und geborenen Christen – dreifach gefährlich für einen Konvertiten; einen Inder, von Europäern einem solchen dargebracht. Ich glaube nicht, dass er, wenigstens nicht bewusst, ihn gesucht hat; dass er aber nach der englischen Erfahrung eine noch berauschendere in Amerika aufsuchte, beweist jedenfalls Mangel an Selbstkenntnis.

2. Canon Streeter[41] ist ein freundlicher, zuvorkommender Mensch, und mir persönlich gegenüber stets nett. Hat aber eine Marotte im Kopf; und so arbeitete er seinen Sâdhu aus, besonders, um zu beweisen, dass einer Visionen etc. etc. haben, ein rechter Heiliger sein kann, ohne allen kirchlichen Verband. Glaube das nicht; und wieder finde ich große Gefahren für den Sâdhu, dass er so über Lebzeiten beschrieben wird[42]."

Baron v. Hügel schreibt an Heiler, er würde es schwer finden, an seinem bis jetzt ganz ungetrübten Glauben an des Sâdhu Ehrlichkeit zu zweifeln.[43]

---

35 Vgl. Appasamy, A. J.: Sundar Singh, a Biography, London 1958

36 Heiler an Pater Bernhard Seiller. Briefwechsel 1909-31(OSB)S.323

37 Heiler, F.: Sâdhu Sundar Singh. Ein Apostel des Ostens und Westens. München 1924

38 Briefwechsel 1909 - 31. Nr. 57. Heiler an v. Hügel

39 Heiler bezeichnet v. Hügel als den größten römisch-katholischen Laientheologen, ja den größten katholischen Denker der Gegenwart: Heiler, F.: Der Streit um Sundar Singh. 1925

40 Brief Nr. 55

41 Streeter, Burnett Hillman (1874-1937) Oxforder Neutestamentler

42 S. 206 f.

43 Nr. 62. London. 1. Okt. 1924

Söderblom, erfüllt von tiefem Verständnis, von echter Ehrfurcht, ja von unverkennbarer Liebe zu den fremden Religionen, brach stets eine Lanze für Sundar Singh und stand ihm treu zur Seite. Die Religionen der Menschheit enthüllten sich ihm als große Einheit, als Offenbarung des Lebendigen Gottes[44] Der Erzbischof von Uppsala stand in regelmäßigem Briefwechsel mit Heiler und Sundar Singh.[45]

5. AUFNAHME IN EUROPA UND USA

In England und Amerika breitet sich ein Sâdhu-Kult aus; der Sâdhu wird umjubelt und umtost; eine doppelt gefährliche Situation für den Konvertiten: Zum einen erfährt der missionierende Inder eine Vergötterung wie ein Guru, zum andern strömen dem indischen Wanderprediger Wogen eines ungeheuren Triumphzugs in Europa und Amerika entgegen. Die Gefahr für den Sâdhu besteht darin, „den Ruhm, der allein Christus gebührte, für seine eigene Person in Empfang zu nehmen und sich selbst auf den Thron seines Herrn und Meisters zu setzen".[46]

Jedoch urteilt ein Schweizer Geistlicher: „Er hascht nicht nach Eindruck, er lehnt es eher ab, sich von den Menschen feiern zu lassen".[47]

Ähnlich der Funktion der großen alttestamentlichen Propheten, Jesus Christus und der Urapostel, schlägt seine Verkündigung im Westen auch in prophetische Straf- und Bußpredigt um, wird „geradezu zur eschatologischen Gerichtsweissagung" – aus Enttäuschung über die westliche „Entchristlichung [...] und die religiöse Indifferenz".[48] „Ich glaubte, dass die Bewohner der christlichen Länder die Bibel läsen und den Engeln gleich seien. Aber als ich diese Länder durchreiste, erkannte ich meinen Irrtum".[49]

---

44 Hinweis auf dessen berühmte Gifford-Vorlesungen, wenige Wochen vor seinem Tod gehalten (19. Mai bis 18. Juni 1931), denen weitere, die in Planung waren, folgen sollten, die thematisch interessant für diese Arbeit gewesen wären: XI. Die Mystik als Universalreligion - War Christus Mystiker? - Gottesherrschaft nach dem Evangelium und mystische Religion, zwei Typen der Gottesgemeinschaft XVIII. Der Ordo salutis samt der unio mystica im Vergleich mit der mystischen Himmelsleiter und XX. Die beiden Haupttypen der höheren Persönlichkeitsreligion - Übungsmystik und Offenbarungsmystik - Göttliche Aktivität und menschliche Übung - Das Wesen des Gebets; s. Heiler, F.: Vorwort zu Söderbloms Gifford - Vorlesungen 'Der lebendige Gott'; XX, München/Basel 1966

45 s. Briefwechsel Sundar Singh - Prof.Friedr. Heiler. Marburg aus: Christliche Welt. Nr. 50/52 pag. 107

46 Heiler, F.: Sâdhu Sundar Singh. S. 59

47 Evang. Missionsmagazin 1922. S. 155; ebd. S. 154 für ähnliche Zeugnisse

48 Heiler, F.: Sâdhu Sundar Singh. S. 61

49 ebd.

B   Zeitgenössische Reaktionen im Osten

1. ABLEHNUNG VON DEN SIKHS IN INDIEN

Der Anfang der Verfolgung Sundar Singhs ereignet sich nach seiner eigenen Aussage innerhalb seiner Familie. Nicht von seiner Mutter ist die Rede, deren ausdrücklicher Wille und Herzensanliegen es, wie wir ja bereits gehört haben und nachgelesen werden kann, gewesen ist, dass ihr Sohn Sundar Singh Sâdhu werden sollte. Wie sie sich allerdings verhalten hätte, wenn sie erfahren hätte, dass ihr Sohn ein christlicher Sâdhu geworden ist, wissen wir nicht. Sein Vater, seine Brüder und andere Verwandte, darunter hohe Regierungsbeamte, denen

Sâdhu Sundar Singhs von seiner Christusvision erzählt und ihnen die Tatsache seiner Konversion zum Christentum mitteilt, erklären ihn teils für verrückt und meinen, er habe geträumt, teils beginnen sie ihn zu verfolgen, als sie einsehen müssen, dass sie ihn nicht davon abbringen können. Einer seiner konvertierten Freunde war bereits offensichtlich zu Hause vergiftet worden.[50]

Die erste Reaktion seines Vaters, ein Appell an die Familienehre und Pietät seiner verstorbenen Mutter gegenüber, bleiben erfolglos wie auch weitere Versuche, seinen Sohn von dessen Konversion zum Christentum abzubringen. Ein Onkel in höher gestellter Position versucht ebenfalls, ihn umzustimmen: „Dieses alles soll dein sein, wenn du einer der Unseren bleibst", verspricht er ihm, ihm seine Familienschätze und auch seinen Turban zu Füßen legend, was als Zeichen tiefster Demut zu werten ist. Sundar Singh bleibt bei seinem 'Nein', zu dem er sich entschieden hat.

Zur schmerzlichen Differenz mit seinen Angehörigen kommen Spott und Hohn seiner Gleichaltrigen, die ihn Betrüger und Abtrünnigen nennen. Auch die Dorfbewohner und die übrige Bevölkerung sind gegen ihn aufgebracht. Ihr Hass richtet sich – außer ihm – auch gegen die anderen Christen, denen nichts übrig bleibt als wegzuziehen. Die Missionsstation muss schließlich aufgegeben werden. Der Maharâja, vor den er gebracht wird, erinnert ihn an die Schande, die er durch sein Bekenntnis zum Christentum über sich und seine Familie bringe, und verspricht ihm eine Beförderung, wenn er bleibe.

Der Bruch mit seinem Elternhaus und der Khâlsâ[51] ist besiegelt, als Sâdhu Sundar Singh sein langes Haar demonstrativ abschneidet. Der Vater jagt ihn aus dem Haus, denn er hat gegen die fünf 'k' verstoßen, die Govind Singh als Tragen äußerer Zeichen hinduistischer Religiosität vorgeschrieben hatte:

kes (langes Haar), kach (kurze Kniehosen), kara (Messer), kripan (Schwert) und kangha (Kamm)[52]

---

50   Sâdhu Sundar Singh. Mit und ohne Christus. S. 261

51   s. Glossarium

52   Heiler, F.: Sâdhu Sundar Singh. S. 12

„Im Namen der ganzen Familie erkläre ich, dass du nicht mehr unser Kind und Angehöriger bist und wir nichts mehr mit dir zu tun haben. Wir werden dich vergessen, als hättest du nicht gelebt. Morgen wirst du dieses Haus verlassen und nur dein Kleid mitnehmen."[53] Knapp entrinnt er einem Mordanschlag seiner Angehörigen; seiner letzten Mahlzeit, die er, gleich einem Hausierer, einem Kastenlosen, vor der Haustüre einzunehmen hat, ist Gift beigemischt.[54]

Eines Tages predigt Sundar Singh in einem Dorf, dessen Einwohner zum größten Teil Sikhs sind. Als sie hören, er sei ein bekehrter Sikh, leisten sie heftigen Widerstand, attackieren seine Predigt und beginnen, ihn mit Ziegelsteinen zu bewerfen. Ein aufmerksamer Zuhörer jedoch, ein angesehener und einflussreicher Mann, veranlasst die Leute aufzuhören und rettet ihn vor dem massiven Angriff. Als diese sich zerstreut haben, lädt er ihn zu sich ins Haus ein und bewirtet ihn. Der Grund: Dieser Mann kennt das Neue Testament und bittet Sundar Singh, ihn zu taufen. Da er jedoch selber nicht tauft, rät er diesem, sich an einen der Missionare zu wenden. Er bleibt einige Tage bei ihm. Christen waren bei den Sikhs – aber nicht nur bei ihnen – ein Stein des Anstoßes.

2. SKEPSIS IN TIBET

Das Chumbi-Tal im Norden von Darjeeling, ein unbeschreiblich lieblicher und verführerischer, jedoch der fremdenfeindlichste, Ort, den man sich vorstellen kann, ist Tibet. Unter der spirituellen Kontrolle des Dalai Lama und unter einer verdichteten Form der Buddhistischen Religion ist Tibet ein geheimnisvolles Land mit einer alten, aber in Beschlag genommenen Bevölkerung, wo die Gebetsfahnen im Wind flattern und die Einheimischen die Hälfte ihrer Zeit damit verbringen, mechanische Gebetsmühlen zu drehen. In Lhasa, der Heimat des Buddha und des Dalai Lama steht ein abgesondertes Gebäude auf dem Hügel eines Felsen, genannt 'Potala', eine Bastion mit massiven Mauern und Terrassen, mit türkis und gold glänzenden Kuppeln. Zu seinen Füßen liegt die heruntergekommene Stadt Lhasa. Der Buddhismus beansprucht alle Heiligkeit von frommem Leben für sich, jedoch dieser Ort, an dem die göttliche Inkarnation thront, bezeugt mehr Morde als alle blutrünstigen mittelalterlichen Burgen in Europa (so wird behauptet). Die Buddhistische Religion hält die Nation zusammen, und jede Familie ist verpflichtet, einen Sohn zum priesterlichen Orden des Lamas zu entsenden.

Vor hunderten von Jahren verkündete ein Heiliger, dass die Zeit käme und der Buddhismus besiegt würde. Aus Furcht vor der Bewahrheitung dieser Prophezeiung verschloss und verriegelte man das Land.

Dort geboren und vertraut mit diesen Gebirgsgegenden des Himalaya zog es Sundar Singh an diese finsteren Orte, wohin noch keine Vorstellung von Jesus Christus jemals gedrungen war. Es ist nicht verwunderlich, dass Sâdhu Sundar Singh sich in diese ge-

---

53 Heiler, F.: Sâdhu Sundar Singh. S. 33

54 Heiler, F.: Sâdhu Sundar Singh. S. 34

fährlichen Gebiete als Christ vorwagt, „where Christ is not named."[55] Für Sundar Singh ist dies natürlich und selbstverständlich. Denn seit mehr als einem Jh hatte Indien seine Missionare gehabt, und hunderte und tausende von indischen Kindern kannten den Namen 'Jesus Christus'. Nach seinen eigenen Worten gab es viele, die die Wahrheit in Indien verkündigten.[56] Als er sich jedoch Tibet zuwendet, hat er es mit Leuten zu tun, die noch niemals den Namen 'Jesus Christus' gehört hatten. Fremden war der Zutritt verwehrt, auch für einen Inder war es kaum leichter, dies Land zu betreten wegen des rauhen Klimas und der fanatischen Bevölkerung. In Sundar Singhs Leben war es ein großer Markstein, seinen noch jugendlichen Fuß in dies Land der Bigotterie und der Finsternis zu setzen [57] – und es sollte auch, wie sich noch zeigen wird, sein Schlussstein werden!

Zitat von Sundar Singh:

> „Christ the Son of God hath sent me
> Through the midnights lands,
> Mine the mighty ordination
> Of the pierced hands".

Gerade in Tibet, und das ist nicht verwunderlich, erfährt Sundar Singh eine besonders harte Verfolgung in der Zeit, die sich an sein Fasten anschließt. Knapp entrinnt er, vom Dalai Lama zum Tode verurteilt, diesem.[58]

Ob sein früher Tod in Tibet, dem Ausgangspunkt und Endpunkt seiner Evangelisationsreisen, etwas mit der feindseligen Ablehnung des Dalai Lama seiner 'Missionstätigkeit' gegenüber in der Hochburg des Buddhismus zu tun hat, und ein gewaltsamer Tod in Tibet, wohin es ihn stets gezogen hat – wo er letzten Endes beheimatet war – nicht auszuschließen ist, mag dahingestellt sein. Jedermann kann sich selbst seine eigenen Gedanken darüber machen und diesem ungeklärten Phänomen seines Verbleibens nachsinnen.

---

55 Parker, R.:Sâdhu Sundar Singh. S. 42

56 Parker, R.:Sâdhu Sundar Singh. S. 43: 'There are many to proclaim the thruth in India'

57 ebd.

58 s. Brunnenerlebnis: Kap. II. B. 3.

Kapitel II Biographie Sundar Singhs

A Elternhaus und religiöse Herkunft

„Der Apostel Christi, der unserer Zeit von neuem das Leben des Heilandes vorlebt", wie F. Heiler[59] ihn nennt, wird am 3. September 1889 als jüngster Sohn der Familie – er hat zwei ältere Brüder und eine Schwester – in dem Dorf Rampur bei Doraha im Staat Patalia in Indien geboren.[60] Er stammt aus einer alten, vornehmen, sehr begüterten Familie und wächst in luxuriösen Verhältnissen auf. Nach menschlichem Ermessen steht ihm eine glänzende Laufbahn bevor.[61] Jedes Jahr in den heißen Sommermonaten hält sich sie Familie in der kühleren Luft des Himâlâya, gewöhnlich in Simla, auf.[62] Einen derartigen Aufenthalt in Simla, dem berühmten Regierungssitz und Erholungsort der Engländer, konnten sich außer den Briten nur sehr reiche Einheimische leisten. Sundar Singhs ältere Brüder haben bereits einflußreiche Stellungen im indischen Staatdienst inne.[63] Sein Vater Sirdar[64] Sher Singh ist Gutsbesitzer und Ortsvorsteher. Bereits in seinem Elternhaus wird er von dem strengen Glauben der Sikhs[65] geprägt. Singhs Mutter (ihr Name ist nicht genannt), eine fromme, gebildete Frau, achtet auf eine frühzeitige, religiöse Erziehung. „Nein, zuerst musst du geistliche Nahrung empfangen", sagt sie, bevor sie ihm zu trinken gibt. Sie wird seine erste Lehrmeisterin und unterweist ihn in den heiligen Büchern der Inder. Sie hält ihn an, die Veden[66] und Upanishaden[67], die Sâstra[68], den Korân, den Granth[69] sowie die Bhagavadgîtâ[70] zu lesen, die er im Alter von sieben Jahren von Anfang bis zum Ende auswendig lernt.[71]

---

59   Heiler, F. Sâdhu Sundar Singh. S. 8

60   abweichende Jahreszahl in Religion in Geschichte und Gegenwart: "Sundar Singh, geboren 1888 in Rampur unweit Ludhiana im Pânjab als Sikh"

61   Schaerer, M.: Sâdhu Sundar Singh ein Apostel Jesu Christi in Indien. S. 12

62   Parker, R.: Sâdhu Sundar Singh. Called of God. S. 5

63   Müller, W. Sundar Singh der Pilger. S. 7 f.

64´ Širdar´ bedeutet ´vornehmer Herr

65   s. Appendix

66   s. Appendix

67   s. Appendix

68   s. Appendix

69   s. Glossarium

70   ebd.; die Bhagavadgîtâ ist im Sanskrit verfasst

71   Parker, R.: Sâdhu Sundar Singh S. 9

1. AUSEINANDERSETZUNG MIT HINDUISTISCHER LITERATUR UND RELIGION

Seine Mutter macht ihn bei ihren Tempelbesuchen mit Priestern (Purohits) bekannt und führt ihn zu Sâdhus. Sie weisen ihn auf die heiligen Texte hin, die ihm Wegweiser sein sollten. Seine Mutter, den 'spiritus rector' seines 'vitae religiosae', verliert er im Alter von 14 Jahren.[72] „And then, at the age of fourteen, Sundar lost his dearest earthly friend."[73] Ebenso stirbt sein von ihm geliebter älterer Bruder in der Zeit. „Wesensart und Gesinnung dieses Bruders waren meiner eigenen sehr ähnlich. Der Verlust dieser beiden Lieben war ein schwerer Schlag für mich [...]. In der Hindu-Religion ist für ein gebrochenes Herz wie das meinige der einzige Trost: ich solle mich meinem Schicksal unterwerfen und dem unerbittlichen Gesetz des Karma[74] beugen."[75] „How he missed her gentle companionship no one knows, but today when he speaks of her, his voice grows tender and his eyes look sad."[76]

Der ihm von seiner Mutter eingeimpfte Wunsch nach Frieden[77] und Ruhe, schließlich von ihm selbst überall gesucht und heiß ersehnt, findet seine Erfüllung nicht in der Religion seiner Väter. „Ich versuchte", bekennt er, „Ruhe zu finden durch die Mittel, welche die indischen Religionen anbieten: Hinduismus, Buddhismus, Muhammedanismus, aber ich konnte da nichts finden [...] Ich wollte mich selbst erretten; wie studierte ich nicht alle unsere Bücher! Wie rang ich nach Frieden und Ruhe! Ich tat gute Werke, ich tat alles, was zum Frieden führen konnte, aber ich fand ihn nicht; denn ich konnte ihn mir nicht verschaffen." [78]

Mit 16 Jahren liest er den Granth der Sikhs, den mohammedanischen Korân und eine Anzahl Upanishaden der Hindus. Eine Zeitlang übt er Yoga unter Anleitung eines Hindu - Sâdhu, eine von Hindus angesehene Methode des Suchens nach Vereinigung mit dem höchsten Wesen: dabei führen der Friede und die Erleuchtung, die ihr entspringen, durch Konzentration zur Ekstase – jedoch ohne Erfolg.

2. MISSIONS- UND REGIERUNGSSCHULE

Noch ein anderer Wechsel tritt in sein Leben. Zu seiner weltlichen Ausbildung wird er in eine kleine Grundschule geschickt, die die amerikanische Presbyterianer-Mission in

---

72 Die der Sikhreligion ergebene, aber der christl. Religion freundlich gesinnte Mutter war schon 1903 gestorben. Vgl. Pfister, O.: Die Legende Sundar Singhs. S. 60

73 ebd.

74 s. Glossarium

75 Sâdhu Sundar Singh.: Mit und ohne Christus. München 1946. S. 259

76 Parker, R.: Sâdhu Sundar Singh. S. 9

77 'Šânti, šânti, šânti'! Heiler, F.: Sâdhu Sundar Singh. S. 26

78 Par Christ et pour Christ 2; Sâdhu Sundar Singh, Aus seinen Reden in der Schweiz, I 7; ebd. S. 218

dem kleinen Dorf Rampur eröffnet hatte. Zu der Zeit hat Sundar Singh so viele Vorurteile gegen das Christentum, dass er sich weigert, in den täglichen Bibelstunden die Bibel zu lesen. Seine Lehrer bestehen darauf. Im darauffolgenden Jahr verlässt Sundar Singh diese Schule aus Protest. Er wechselt in eine Regierungsschule in Sanewal, drei Meilen (ca. 5 km) entfernt, in der er einige Monate verbringt. Aus gesundheitlichen Gründen in die Missionsschule zurückgekehrt, soll er sich über eine Stunde gewaschen haben, nur weil der Schatten eines Missionars auf ihn gefallen war.[79]

3. INNERE KÄMPFE - SUCHE NACH FRIEDEN

Der Besuch der protestantischen Missionsschule seines Heimatortes hatte ihn immerhin erstmals mit dem Neuen Testament bekannt gemacht. „Wozu die Bibel lesen? Wir sind Sikh, unser heiliges Buch ist der Granth."[80] Spontane Ablehnung und fanatischer Hass, wie er einem Sikh gebührt, veranlassen ihn, die Missionare mit Steinen zu bewerfen. Sie untergruben seiner Meinung nach die Lehren der Religion seiner Väter und beleidigten damit die Überlieferungen seines Sikh-Stammes. Er ahnt noch nicht, dass er dort später seinen von ihm so intensiv und jahrelang gesuchten Frieden finden würde. Doch bereits damals schon verspürt er, nach eigener Aussage, eine göttliche Anziehungskraft und wunderbare Gewalt der Bibel. Die Auseinandersetzung zwischen Hinduismus und Christentum führen schließlich zu einer Explosion. Er übergießt die Bibel mit Petroleum und verbrennt sie. Seinem Vater antwortet er: „Die Religion des Abendlandes ist falsch, wir müssen sie vernichten [...] Wie, unsere Religion, der Hinduismus, der die schönste Religion der Welt ist, gibt mir nicht den Frieden – und eine andere Religion sollte ihn mir geben können?" Sundar Singh verbrennt die Bibel am 16.12.1904. Diesen Tag nennt er selbst den 'dies ater' seines Lebens.[81] „Die Erinnerung daran, dass ich Christus verfolgt und die Bibel zerrissen habe, ist wie ein Distelstachel in meinem Leben.".[82] Der Konflikt findet schließlich seinen Höhepunkt in dem Wunsch nach einem Suizid. Diesen kündigt er seinem Vater am 17.12.1904 an mit den Worten „Weil der Hinduismus meine Seele nicht befriedigen kann noch auch dies Geld noch auch diese Behaglichkeit noch irgend eines der Güter dieser Welt. Dein Geld kann die Wünsche meines Leibes befriedigen, aber nicht die Seele. So habe ich genug von diesem elenden und unvollkommenen Leben; ich will ihm ein Ende machen."[83]

---

79   Pfister, O.: Die Legende Sundar Singhs. S.61

80   Heiler, F. Sâdhu Sundar Singh. S. 26

81   Heiler, F.: Sâdhu Sundar Singh. S. 27 f.

82   ebd.

83   Heiler, F.: Sâdhu Sundar Singh. S. 28

B Religiöser Umbruch

1. CHRISTUSVISION/BEKEHRUNG/TAUFE UND BERUFUNG ZUM CHRISTLICHEN SÂDHU

In seiner Schrift „Mit und ohne Christus"[84] bezeugt Sâdhu Sundar Singh selbst die Offenbarung des lebendigen Christus mit eigenen Worten: „Nach den Anschauungen, die ich zu jener Zeit hatte, meinte ich, indem ich das Evangelium verbrannte, hätte ich eine gute Tat getan. Doch die Unruhe meines Herzens wurde immer größer, und nachher fühlte ich mich zwei Tage sehr elend. Als ich am dritten Tag spürte, ich könnte es nicht länger ertragen, stand ich morgens um drei Uhr auf, nahm mein Bad[85] und betete: wenn es überhaupt einen Gott gäbe,

so wolle Er sich mir offenbaren, mir den Weg des Heils zeigen und diese Unruhe meiner Seele beenden. Ich war fest entschlossen, wenn dieses Gebet ohne Antwort bliebe, würde ich noch vor Tagesanbruch zur Eisenbahn hinuntergehen und meinen Kopf vor den einfahrenden Zug auf die Schienen legen. Ich blieb bis gegen ½ 4^h im Gebet und erwartete, ich würde Krshna[86] oder Buddha[87] oder irgendeinen anderen Avatâra[88] der Hindureligion sehen. Sie erschienen nicht, dafür erstrahlte aber im Zimmer ein Licht. Ich öffnete die Tür um zu sehen, woher es käme, aber draußen war alles dunkel. Ich kehrte wieder ins Zimmer zurück, und das Licht wurde immer stärker und nahm die Gestalt einer Lichtkugel über dem Fußboden an. Und in diesem Licht erschien nicht die Gestalt, die ich erwartet hatte, sondern – der lebendige Christus, den ich für tot gehalten hatte. Bis in alle Ewigkeit werde ich Sein herrliches und liebendes Gesicht nicht vergessen noch die wenigen Worte, die Er sprach: „Warum verfolgst du mich? Siehe, Ich bin am Kreuz für dich und für die ganze Welt gestorben." Diese Worte wurden wie mit einem Blitz in mein Herz gebrannt, und ich fiel vor Ihm auf den Boden. Mein Herz war mit unaussprechlicher Freude und Frieden erfüllt, und mein ganzes Leben war vollständig verwandelt. Da starb der alte Sundar Singh, und ein neuer Sundar Singh wurde geboren, damit er dem lebendigen Christus diene."

Müller schildert die Christusvision so: „Er (Sundar Singh) wollte wissen, ob es in der Ewigkeit einen solchen Frieden gäbe. Er badete, ging mit dem Neuen Testament in

---

84 Sâdhu Sundar Singh. S. 260

85 "wie es Hindusitte und ausdrückliche Vorschrift Govind Singhs ist, ein kaltes rituelles Bad"; ebd. S. 28

86 Krshna: über Krshna vgl. die dritte Schrift. 2. Kap. III. S. 129 f.

87 Buddha: über Buddha vgl. die dritte Schrift. 3. Kap. S. 132 f.

88; Avatâr: über Avatâr vgl. dazu die Studie von Friso Melzer: "Das Wort ward Fleisch"(Joh. 1 V.24. Von der Begegnung der Christus-Botschaft mit dem Avatâra - Glauben des Hinduismus. Ev. Missionszeitschrift (1942) III S.296-307. Avatâra heißt wörtlich "Herabkunft"; nämlich der Gottheit in irdische Gestalt. Vgl. Sâdhu Sundar Singh. Gesammelte Schriften. Stuttgart 1993^{12}. S. 324[76]

sein Zimmer und verbrachte die Nacht in Andacht, Bibellesen und Gebet. Flehend lag er auf den Knien. Da, eben ehe die Nacht Abschied nahm, erfüllte eine helle Wolke den Raum, und in der Wolke erstrahlte die Gestalt Jesu Christi mit dem Dornenkranz. Er fühlte, wie die Erscheinung zu ihm sprach: „Warum verfolgst du Mich? Ich bin dein Heiland. Ich starb am Kreuz für dich." Der Blick aus diesem Antlitz voll göttlicher Liebe und Erbarmung hatte nun alle Feindschaft auf immer verzehrt. Mit innerer Gewalt kam die Gewissheit der Vergebung und der Annahme bei Jesus über ihn. In diesem Augenblick hatte der große Friede, den er so lange gesucht, in sein Herz hineingeleuchtet. Unten fuhr der Schnellzug durch.

Als er sich von den Knien erhob, verschwand die Erscheinung, aber Christus verblieb und sein Heil. Mit überströmendem Herzen suchte Sundar in aller Frühe seinen Vater auf, um ihm zu sagen, er sei Christ.[89] Als dies geschah, war Sundar Singh 14 Jahre alt.

Streeter & Appasamy stellen Sâdhu Sundar Singhs Christuserlebnis folgendermaßen dar: Sich mit dem Gedanken an Selbstmord tragend betete er drei Tage nach dem Verbrennen der Bibel; „O Gott – wenn es einen Gott gibt – wolle du mir den rechten Weg zeigen, sonst werde ich mich töten."[90] Um ½ 5^h morgens sah ich etwas, das ich nie zuvor gesehen hatte. In dem Gemache, in dem ich betete, gewahrte ich ein großes Licht. Ich dachte, das Haus stünde in Flammen. Und da, als ich betend in das Licht schaute, gewahrte ich die Erscheinung des Herrn Jesu Christi. Sie war in Herrlichkeit und Liebe verklärt (den ich noch vor wenigen Tagen beschimpft hatte) In dieser Vision sagte eine Stimme auf Hindustani: „Wie lange willst du mich verfolgen? Ich bin gekommen, dich zu erlösen, du erflehst den rechten Weg: Warum gehst du ihn nicht?" Im Nu wurde sein Innerstes umgewandelt, er fühlte, wie Christus ihn gleich einem göttlichen Strom ganz und gar durchdrang; Friede und Freude erfüllten seine Seele und „trugen den Himmel in sein Herz hinein"[91].

Sâdhu Sundar Singh dachte: 'Jesus ist nicht tot! Er lebt und dies ist Er selbst!' Da fiel ich Ihm zu Füßen und fand den wundervollen Frieden, den ich sonst nirgends zu finden vermochte. Die Erscheinung verschwand – der Frieden und das Glück sind seitdem immer bei mir gewesen.

Er schloss sich in Quarantäne und bat Gott um Verzeihung für seine geistige Blindheit. Jedoch wurde er getröstet: „Du warst geistig blind, aber jetzt habe ich deine Augen geöffnet. Geh hin, gib mir Zeugnis! Zeuge von meiner großen Tat, bezeuge, dass ich der Retter bin!" Sâdhu Sundar Singh teilte seinem Vater mit, er wäre Christ geworden: „Von heute an bin ich Sein Jünger und will Ihm dienen."[92]

---

89 Müller, W.: Sundar Singh der Pilger. S. 11 f.

90 Streeter, B. H.& Appasamy, A. J.: Der Sâdhu. S. 12

91 Heiler, F.: Sâdhu Sundar Singh. S. 29

92 ebd. S. 13

Diese Vision bildet den Wendepunkt seines Lebens. In dieser Vision empfängt der Sâdhu den wahrhaften Ruf Gottes[93]. An die Bekehrung schließt sich die Berufung zur Verkündigung. Sundar Singh beschreibt seine Bekehrung nicht als innerseelische Erfahrung, sondern als unmittelbaren Eingriff des transzendenten Gottes, des ewigen Christus; als Offenbarung der göttlichen Wirklichkeit.[94] „Nachdem ich mich müde gesucht hatte in der Religion der Hindu, fand ich schließlich in Christus die Ruhe und den Frieden, nach dem mein Herz verlangte"[95] „Das war keine Einbildung, die ich sah[...].Das war kein Traum [...]. Das war eine Wirklichkeit, der lebendige Christus! Er kann einen Feind Christi in einen Prediger des Evangeliums verwandeln [...]. Was andere Religionen in vielen Jahren nicht zu Wege bringen konnten, das tat Jesus in einigen Sekunden. Er erfüllte mein Herz mit unendlichem Frieden [...]. Als Antwort auf meine Gebete sah ich meinen Heiland. Er zeigte sich mir selbst."[96]

Am 18.12.1904[97] wird er durch eine Christusvision bekehrt. Der 15 jährige wird von seiner Familie ausgestoßen, der Vater enterbt ihn. 16 jährig tritt Sundar Singh den 'Gang in die Heimatlosigkeit' an «pravrajya», den alle großen Männer der Religion in Indien gegangen sind, angefangen von Buddha, – mit nichts als dem Neuen Testament in der Hand.[98] Den Versuch seiner Angehörigen, ihn zu vergiften, überlebt er. Die Presbyterianermissionare in Ludhiana nehmen sich seiner an. Er wird von ihnen nach Sabathu nahe bei Simla geschickt, wo er am 3.9.1905, an seinem 16. Geburtstag, zu Simla die heilige Taufe empfängt[99]. Fortan lebt er als christlicher Sâdhu (Wandermönch) und Evangelist. Außer einem stillen Schriftstudium in Sabathu (einer ärztlichen Missionsstation in der Nähe von Simla), wohin ihn die Missionare vor seiner Taufe geschickt hatten[100] und einem halbjährigen Bibelkurs (1910) hatte er keine theologische Ausbildung.[101]

2. 40-TÄGIGES FASTEN

Gegen Ende 1912 wird Sâdhu Sundar Singh der Vorschlag gemacht, sich nach Kanada zu begeben, als Seelsorger der als Holzfäller dorthin ausgewanderten Sikhs. Die kanadische Regierung genehmigt die Einreise nicht. Damals war sein Herz von einer ernsten Angelegenheit bewegt: Er spürte das Verlangen in sich, die Einsamkeit aufzusu-

---

93	ebd.
94	ebd. S. 30 f.
95	Heiler, F.: Sâdhu Sundar Singh. S. 30
96	Heiler, F.: Sâdhu Sundar Singh. S. 29-31
97	18. 12. 1903; Religion in Geschichte und Gegenwart. Bd. VI. S. 526
98	Heiler, F.: Sâdhu Sundar Singh. S. 33
99	ebd. S. 36; er wird getauft durch Rev. J. Redmann/ Church Missionary Society
100	Heiler, F.: Sâdhu Sundar Singh. S. 36
101	Religion in Geschichte und Gegenwart. Bd.VI. S. 526

chen und dort 40 Tage und Nächte zu fasten[102] – wie Jesus Christus – dem Beispiel Seines Herrn folgend in der Hoffnung, dadurch neue Klarheit und neue Erkenntnis für seinen weiteren Aposteldienst zu erhalten und Seinem Herrn und Meister ähnlich zu werden.[103]

Den Beginn seiner Fastenzeit vermerkt er auf den Tag genau in seinem Neuen Testament. Er legt sich 40 Steinchen zurecht, in der Absicht, jeden Tag eines wegzuwerfen – anstelle eines Kalenders – um zu wissen, wann die Zeit um sei. Nach einiger Zeit wird er jedoch so schwach, dass er vergisst, die Steinchen wegzuwerfen, sodass die genauen Tage nicht mehr exakt festgestellt werden können. Während seiner Fastenzeit hat er eine Christusvision, die er von der ersten z.Z. seiner Bekehrung unterscheidet. Christus habe sich ihm mit blutenden Füßen, durchbohrten Händen und verklärtem Gesicht gezeigt. In der Nacht seiner Bekehrung habe er Ihn mit leiblichen Augen gesehen, während des Fastens in Form einer übersinnlichen Vision. Holzfäller, die ihn in dem dschungelartigen Landstrich zwischen Hardwar und Dehra Dun finden, tragen den fast zum Skelett Abgemagerten nach Rischi Kish, später nach Dehra.[104] Seine Freunde erkennen ihn kaum wieder.

Er selber leitet von diesem Versuch eine große geistige Kraft und Erkenntnisvermögen ab und versichert, das Fasten habe einen dauernden Einfluss auf sein geistiges Leben hinterlassen. Den Frieden, den er in dieser Zeit erlebt habe, bezeichnet er als dem Himmel entstammend und nicht, wie vorher angenommen als eine verborgene Lebenskraft, die aus seinem Innersten herausquelle und der göttlichen Gegenwart zuzuschreiben sei. Eine weitere Überzeugung seiner eigenen Fastenzeit wird, dass die Seele unabhängig vom Gehirn existiert. Nach dieser Phase zieht er die Schlussfolgerung, dass die Seele etwas völlig vom Gehirn Getrenntes sein müsse, da während des Entzugs von Essen und Trinken seine geistigen Fähigkeiten beweglicher und lebendiger zu werden schienen. „Das Gehirn ist nur die Werkstätte, in der die Seele arbeitet. Das Gehirn gleicht einer Orgel und die Seele dem Organisten, der darauf spielt. Zwei oder drei Tasten sind vielleicht verstimmt und bringen keine Harmonie hervor. Das bedeutet nicht, dass der Organist fehlt."[105]

Die Frage, ob er das Fasten wiederholt habe, beantwortet er (vermutlich als Anspielung auf sein 'Brunnenerlebnis'): „Im Himâlaya bin ich dazu gezwungen worden."[106] Das Fasten sehen die Hindus weniger als asketische Übung an, sondern als Mittel, die geistige Wahrnehmung zu schärfen.

---

102   Fasten war für Hindus nicht ungewöhnlich. So soll der Vater von Rabindranâth Tagore sich ab und zu acht Tage in die Einsamkeit zurückgezogen haben, um dann mit einem seltenen Abglanz des Friedens wieder in den Alltag zurückzukehren; ebd. S. 48

103   Stucki, A.: Sâdhu Sundar Singh. Basel 1948. S. 47

104   Streeter, B. H. & Appasamy, A. J. S. 26

105   Streeter, B. H. & Appasamy, A. J. S. 28

106   ebd. S. 29

3. BRUNNENERLEBNIS

Nach seiner Fastenzeit bricht er erneut zu einer Missionsreise nach Tibet auf, bleibt während der Sommermonate dort und erleidet beinahe den Märtyrertod für sein Bekenntnis zu Christus, von dem er aber auf wunderbare Weise gerettet wird. Diese Begebenheit wird das 'Brunnenerlebnis' des Sâdhu genannt. In Rasar, vor den Lama geschleppt, wird ihm vorgeworfen, sich ohne Erlaubnis in dem Land aufzuhalten. Auch habe er eine fremde Religion gepredigt. Schließlich wird er, auf den Richtplatz gezerrt, dort zum Tode verurteilt, seiner Kleider entledigt und in einen 40 Fuß tiefen, wasserlosen Brunnen geworfen, der Verbrechern vorbehalten war. Zuvor hatte man ihm mit einer Keule den rechten Arm gebrochen, um eine Flucht unmöglich zu machen. Er wird auf einen Haufen verwesender Leichen geworfen, über ihm der schwere Eisendeckel geschlossen[107]. Ohne zu essen und zu trinken befindet er sich in dieser Totengruft von Todeskandidaten. Inmitten dieser trostlosen und ausweglosen Lage in einer Umgebung widerlichen, finsteren Gestanks betet Sâdhu Sundar Singh den Klageruf seines Heilands:

„Mein Gott, mein Gott, warum hast du mich verlassen?"

Inmitten dieses inbrünstigen Gebetes senkt sich heiliger Friede in seine Seele; er fühlt Gottes Gegenwart in dieser Stätte des Todes. In der dritten Nacht wird plötzlich der Brunnendeckel geöffnet und ein Seil herabgelassen; eine Stimme heißt ihn das Seil ergreifen. Als er mitsamt demselben nach oben gezogen war, wird der Deckel wieder geschlossen; er fühlt eine Hand, die seinen verletzten Arm berührt. Als er sich nach dem Befreier umsehen will, ist jener verschwunden und sein gebrochener Arm heil.

4. BLUTEGELERLEBNIS UND ANDERE WUNDERGESCHICHTEN

Einmal wurde Sundar Singh an Holzpflöcke gebunden, und sein Körper mit Blutegeln gespickt. Während dieser Tortur fing er an, laut zu beten und zu singen und erlebte einen wunderbaren Frieden, so daß die Leute sich über seinen frohen Mut wunderten, den er, trotz seiner geschwächten Lage, bewies.

Die visionäre Seite Sundar Singhs Charakters zeigt sich auch in folgender Geschichte: Nach Sundar Singhs eigener Aussage habe er dreimal, in den Jahren 1912, 1916 und 1917, im Himâlâya einen mehr als 300 Jahre alten Einsiedler getroffen, einen Christen, den sogenannten 'Mahârishi von Kailâsh'. „Born in Alexandria, the Mahârishi, so the story went, was baptised by a nephew of St. Francis Zavier, and possessed a copy of the Gospel of John in Greek." Es ist wohl unnötig hinzuzufügen, daß niemals jemand mit eigenen Augen den Mahârishi sah, obwohl Sundar Singh beharrlich auf dessen Existenz bestand: „Ja, der Mahârishi von Kailâs erzählte mir, dass auch er zu Christus

---

107 nach Parker.: Par Christ et pour Christ. Discours du Sâdhou Sundar Singh. Lausanne 1923. S. 100 war der Brunnen von einer Mauer umgeben, in der sich eine Eisentüre befand, die verschlossen wurde; Heiler, F.: Sâdhu Sundar Singh. S. 222

durch die Worte gebracht wurde: „Kommet her zu mir alle, die ihr mühselig und beladen seid, Ich will Euch Ruhe schenken", schreibt Sundar Singh an Heiler.[108]

5. GOTTESERFAHRUNG

Sundar Singhs Gotteserfahrung hat ihre Wurzeln in seiner Erkenntnis Gottes. Er soll selber zu Wort kommen:

„Ehe wir Gott erkennen können, müssen unsere Geisteskräfte und inneren Sinne, die durch die Sünde ertötet worden sind, zu neuem Leben aufgerüttelt werden. An einem bitterkalten Tage versuchte ein Blinder, seine Blindenbibel zu lesen; aber seine Fingerspitzen waren so erstarrt, dass er kein einziges Wort herausbekommen konnte. Er ging zum Feuer und begann, seine Hände zu reiben. In wenigen Minuten kehrte das Blut wieder in seine Finger zurück, und er konnte lesen. Auf ähnliche Weise belebt und erwärmt das Feuer von Gottes Heiligem Geist in Gebet und Innerung unsere inneren Sinne, und wir werden fähig, Ihn zu fühlen und uns Seiner Gegenwart zu erfreuen."[109]

Sundar Singh macht seine Gotteserfahrung durch die unmittelbaren Erfahrungen und durch seine Gesichte, denen Nathan Söderblom ein Kapitel seiner Schrift 'Sundar Singhs Budskap'[110] gewidmet hat.

Die geistliche Wahrheit, die uns Gott – ohne Mithilfe irgendeiner Sprache – lehrt, nämlich dann, wenn wir wiedergeboren und Gottes Kinder werden (es sei an die Geschichte von Jesus und Nikodemus erinnert), wird zu unserer Muttersprache, und wir können sie leicht verstehen, wie ein Kind seine Muttersprache versteht, wenn wir aus Gott geboren werden. Wir sagen unsere Meinung mit Wörtern weiter, jedoch der geistliche Mensch kann des Hilfsmittels irgendeiner Sprache entbehren. Ein Kind z.B., dem man erzählt, dass das Wort für 'Gott' auf Sanskrit 'Iswâra' heißt, hatte zuvor eine Vorstellung von Gott; ohne diese Vorstellung von Gott könnte es sich überhaupt keine Vorstellung von Gott machen. Aber woher hatte es diese Vorstellung? Gleich wie die blinde und taubstumme Helen Keller eine Vorstellung von Gott hatte, bevor sie Seinen Namen in irgendeiner menschlichen Sprache wusste: Woher kam sie denn, wenn sie nicht offenbart worden wäre?[111]

Sundar Singh hat seine Kenntnisse nicht auf dem wissenschaftlichen Weg erworben, weder durch die Sinne seines Leibes noch durch die seines Verstandes. Er hat vielmehr einen dritten Weg beschritten. Er selbst nennt ihn den Weg der Geistes-Schau (spiritual vision) Dazu braucht man geistige Augen (spiritual eyes)

---

108   Briefwechsel Sundar Singh - Prof. F. Heiler, Marburg. Aus: Christliche Welt. Nr. 50/52, pag 107

109   Sâdhu Sundar Singh. Mit und ohne Christus. S. 249

110   Stockholm 1923

111   ebd. S. 249 f.

Von Natur aus sind unsere Augen blind.[112] Erst Christus tut die Geistes-Augen auf. Sundar Singh unterscheidet zwischen bloßer Kenntnis von Jesus und der wahren Erkenntnis Seiner. Diese hat Sâdhu Sundar Singh nur durch persönliche Beziehung zu Ihm gewonnen. Und die begann damit, dass er Jesus persönlich begegnete, und dass das damit begonnene Gespräch mit Ihm nicht mehr aufgehört hat. Für diese Geistesschau gebraucht Sâdhu Sundar Singh das Wort 'Vision'. Vision heißt 1) das Sehen, Sehvermögen, Gesicht 2) das Gesehene, der Anblick

3) Vision, Erscheinung, Bild, Einbildung, Hirngespinst. Sâdhu Sundar Singh meint natürlich kein Hirngespinst, nichts Eingebildetes, sondern wenn er 'schaut', dann ist er der Sinnenwelt entrückt; in dem Augenblick ist sein Geist in die unsichtbare Welt Gottes eingegangen und hat die Wirklichkeit erreicht. Bei einer solchen Schau befindet sich Sâdhu Sundar Singh in absoluter Wachheit, gelangt zu einer persönlichen Begegnung mit Christus und versinkt nicht ins Wesenlose. Sâdhu Sundar Singh tritt in diese Begegnung mit Christus nicht unvorbereitet ein. Er trägt ja stets das Neue Testament mit sich, das er sehr gut kennt, und das ihn überall hin begleitet. Tagtäglich lebt er aus Gottes Wort.

Wichtige Wörter für ihn sind: 'Beten, in Christus bleiben, der Lebendige Christus, Erfahrung, Freude, Friede, Gegenwart des Herrn, Geist, Christus IN uns (kennzeichnend für ihn als Mystiker), Leben, Licht, Liebe, sehen, wahr, Wahrheit, Welt, wirklich Gotteswirklichkeit.' Diese Wörter erschöpfen Sundar Singhs Christentum keineswegs. Über Sünde und Erlösung, über Kreuz und Leiden weiß er Großes zu sagen. Aber jene Wörter deuten seine Sicht an, in der er sieht.[113]

Seine Bekehrung ist für Sundar Singh ein Wunder an Offenbarung, ein reines Werk der göttlichen Gnade. Sie bedeutet für ihn den Einbruch der übernatürlichen Wirklichkeit in sein Leben.

6. SÂDHU

Was ist ein Sâdhu? Die Antwort gibt der Sâdhu selbst in Form eines Credos: „Ich bin ja", sagt er zu Canon Streeter[114] „nur ein Anfänger, ein Kind, das an der Brust seiner geistigen Mutter trinkt, das beseligt und stärkt mich.... Deshalb nenne ich mich nicht gern Mystiker, ebenso wie ich in Indien stets zu verhindern suche, daß man mich 'Svâmi' ('Herr') nennt. Ich ziehe vor, 'Sâdhu' genannt zu werden, eine Bezeichnung, die nur 'frommer Mann' bedeutet."[115] (Auf den Mystiker Sâdhu Sundar Singh wird a.a.O. einzugehen sein.)

---

112 Blindheit entbehrt ihres Gegenteils, nämlich der Sehkraft;

113 s. Kommentar zu Sâdhu Sundar Singh: Gesammelte Schriften von Friso Melzer. S. 288 ff.

114 Streeter, B. H. ist Canonicus in Oxford und Mitverfasser des Buches über Sâdhu Sundar Singh.: "Der Sâdhu "

115 Streeter, B. H. & Appasamy, A. J.: Der Sâdhu. S. 71 f.

Ein Sâdhu, auch Sannyâsi genannt (im Islâm ist es der Fakir), besitzt auf der Welt nichts außer einem safranfarbenen Gewand und widmet sich ganz dem religiösen Leben. Ein solcher 'heiliger' Mann wird speziell in Indien mit tiefster Ehrfurcht behandelt. Ein echter Sannyâsi wird mit göttlichem oder königlichem Namen begrüßt, wie 'Swâmi', 'Mâhâtma' oder 'Mahârâja'.

„Man unterscheidet die Sanyâsi (die Schreibweise divergiert zwischen den verschiedenen Autoren von sanyâsi, sannyâsi, bis samnyâsi etc.) von den Sâdhu. 'Pilger' werden beide Stände genannt.

Beide verlassen alles, was sie haben und leben von dem, was man ihnen freiwillig zu essen gibt. Jedoch gibt es einen Unterschied: Der Sanyâsi hat ein bürgerliches Leben hinter sich mit Beruf, Familie und Kindern; er schließt sein bürgerliches Leben mit diesem geistig-mönchischen Stand ab. Anders der Sâdhu: Dieser erwählt solch ein Leben der Entsagung von Jugend an und hat sein Leben lang nichts anderes getan, unbekümmert um sein tägliches Brot. Das Ansehen eines echten Sâdhu ist unermesslich groß. Ihm wird vom Volk Ehrfurcht wie einem Heiligen entgegengebracht. Sein Wort gilt wie die Stimme Gottes." [116]

In einem Aufsatz zum Thema: „Indische Beiträge zur Gegenwart" schreibt der Autor,[117] es gäbe Hindu-Samnyâsi, die versuchen, die Bergpredigt zu leben, regelmäßig die 'Imitatio Christi' lesen, die großen spanischen Mystiker (z. B. Ortega y Gasset) kennen und sich sehr wohl der gegenwärtigen Situation des Hinduismus bewusst seien. Schätzungsweise tragen 10-15 Millionen im heutigen Indien das Mönchskleid. Sie suchen ein Leben, das als Ziel die 'Große Befreiung' «moksa» beinhaltet. Brahmâbandhab Upadhyâyâ[118] habe sehr richtig erkannt, dass diese Samnyâsi das eigentliche, existentielle Rückgrat des Hinduismus seien. Auch der heutige Hindu hat noch einen großen Respekt vor dem, der 'entsagt', und mancher Samnyâsi habe wirklich Substantielles in seiner Religion zu bieten.

Nach dem Vorbild der Hindus sollte es zwei Arten christlicher Samnyâsi geben, nämlich kontemplative Mönche und Wanderprediger, wobei kontemplativ zu sein nichts mit Müßiggang gemein hat. Er verlangte, dass sich auch nicht eine Spur von Europäismus in der Lebensweise der Hindu-Mönche finde. Die Wandermönche «parivrajakas» sollten gut bewandert sein sowohl in der Vedânta - Philosophie als auch in der Philosophie des hl. Thomas v. Aquin.

---

116 Müller, W.: Sundar Singh der Pilger. S. 5

117 Klostermaier, K.: Samnyâsa - eine zeitgemäße christliche Lebensform im heutigen Indien? S. 218-247

118 Brahmâbandhab Upadhyâyâ, einer der bekanntesten und radikalsten Vorkämpfer für ein christliches samnyâsa im 20. Jh, der, als 30-jähriger getauft, sehr bald schon in seiner Zeitschrift 'Sophia' für christliche Samnyâsis warb; ebd. S. 221

Heute gibt es ~30 christliche Ashrams[119] im eigentlichen Sinne in Indien. Eine Anzahl von Ashram-Experimenten misslang. Es gibt noch keinen Ashram, in dem Hindus und Christen zusammenleben in einer Weise, die für beide Seiten akzeptabel wäre. Die erste bedeutende Ashramgründung im 20. Jh von christlicher Seite aus ist interkonfessionell (einer in Tirupatur / Andhra Pradesh und der andere in Manganam / Kerala). Einer der führenden Männer der Ashrambewegung ist der frühere anglikanische Bischof von Coimbatore (seit 1950), A. J. Appasamy,[120] selbst Gründer und Leiter eines Ashrams.

Die eigentliche Verchristlichung Indiens muss aus der Zurückgezogenheit und der Kontemplation kommen.

Der christliche Samnyâsi müsse den Weg des traditionellen Hindu - Samnyâsi befolgen und die ihm eigentümlichen Forderungen auch in der Askese akzeptieren als Zeichen seines inneren Potentials an Heiligkeit. Ein christlicher Samnyâsi «sprich Sâdhu» müsse ganz und gar indisch sein, innerlich und äußerlich, in seinem sozialen und privaten Leben, in Wohnung und Kleidung, in Armut und Enthaltsamkeit, in der Art zu beten. Sie werden wie ihre Hindu-Brüder das Kleid des heiligen Lebens anlegen, ohne Geld auf den Straßen umherwandern, um ihr Essen bettelnd. Vor allem soll ein christlicher Samnyâsi ein kontemplativer Mensch sein.

„Der Samnyâsi ist ein Mensch, der vom Mysterium Gottes fasziniert ist, von der Transzendenz Gottes, von seiner allgemeinen und lebenspendenden Gegenwart, und der immerfort darauf blickt, unfähig, irgend etwas anderes im Universum zu sehen, in seinen Brüdern und im eigenen Herzen. Seine Kontemplation wird nie befriedigt durch menschliche Worte und Begriffe. Eins mit Christus, versenkt in sein heiliges Herz und eingetaucht in seine unendliche Liebe, ist er eingehüllt in Schweigen 'in conspectu et in sinu Patris'."

Askese und Opfer sollen selbstverständlich sein für den christlichen Samnyâsi.

„Er lebt arm und enthaltsam nicht mehr um der Abtötung willen, sondern einfach wie die seliggepriesenen Armen der Bergpredigt, die das Reich besitzen"[121].

Im Wesen des Hindu - samnyâsa geht es um $\mu\epsilon\tau\alpha\nuοια$[122], das Wachhalten des Bewusstseins, dass wir Hoffende und Wartende sind. Die Offenbarung Gottes im Menschen Jesus Christus hat einen definitiven Maßstab gesetzt. Samnyâsa bedeutet, auf dem Wege zu einem Jenseits sein, ständiges Zustreben auf ein Letztes, ein Überschreiten von Grenzen.

---

119   Ashrama: Die vier Lebensstadien nach dem Hinduismus; eine Einsiedelei; Wohnort einer asketischen Lebensgemeinschaft

120   Mitautor neben Streeter, B. H. von: "Der Sâdhu, Christliche Mystik in einer indischen Seele"

121   ebd. S. 226

122   ebd.

„Denn wir haben hier keine bleibende Statt".[123] Die Hindus nennen ihre Samnyâsis 'Heilige' – die Urkirche nannte alle Christen 'Heilige'. Der Samnyâsi ist der heimatlose Pilger, der dem Ewigen zustrebt.

Nur dann, wenn man sich ganz hineinbegibt in das Mysterium des samnyâsa, wird man fähig sein, in ihm Christus zu finden. Von sich allein aus wird der Samnyâsi nicht zu Christus finden. Christus muss sein samnyâsa erleuchten.

Zusammenfassend kann gesagt werden:

Der christliche Sâdhu oder Samnyâsi setzt eine Berufung voraus. Christus selbst muss ihn erleuchtet und berufen haben im Sinne unseres Sâdhu Sundar Singh: „Geh hin und gib Zeugnis!"

Zum andern ist der eigentliche Anfang des Hindu-samnyâsa historisch nicht greifbar. In der heutigen Auffassung sind Samnyâsi, Sâdhu,[124] yogi, tyâgi, yâti, muni, matahvâsi, tapâsvi, vairâgi, vanaparâsthra u.a. fast synonym.

Ein christlicher Sâdhu gehört keiner Kirchengemeinschaft an, sondern ist stets unterwegs, wenn er nicht im Wald als Einsiedler lebt oder in einem Ashram, wie heute, im modernen Sinne.

Samnyasis oder Sâdhus werden tituliert mit 'Seine Heiligkeit', 'Seine Göttliche Gnaden', 'Hochwürden', 'Ehrwürden' oder mit einheimischen Titeln wie 'jagadguru', 'mâhârshi', 'svâmi', 'rsi', 'prabhu'.

Bankey Bihari[125], der persönlichen Kontakt hatte mit Mâhâtma Gândhi, Rabindrânâth Tagore, Krishnamurti, Anandamayi, Ramana Mahârshi u.a., die Mystiker des Ostens und Westens studiert, mehrere Jahre mit Einsiedlern im Himâlâya zugebracht hatte – wie auch Sâdhu Sundar Singh, der von seinem Umgang mit dem 318 Jahre alten Einsiedler Mahârishi von Kailâs[126] im Himâlâya, einem jetzt noch und bis zu Jesu Wiederkunft lebendem heiligen Mann[127] in den Kailâs-Bergen, berichtet, sagt:

„Jeder Satz hat im indischen Kontext eine ganz besondere Bedeutung .[...] Heilige sind nicht Gott, aber sie sind keinen Augenblick fern von ihm."[128]

---

123   stand über der Haustür meines Großvaters Dr. Dr. Gottfried Nagel in Strehlen im Riesengebirge geschrieben.

124   Die Schreibweise von 'Samnyâsi' und 'Sâdhu' ist, wie bei den folgenden und anderen ind. Wörtern in der Literatur klein. Aus Gründen der Konsequenz schreibe ich diese beiden ind. Begriffe in meiner Arbeit groß

125   (angenommener Name) früher Advokat am High Court in Allahabad, lebt seit 1940 in Vrindaban, ein guter Kenner des Sûfismus «s.Glossarium» und Autor mehrerer Werke

126   Es wird noch a. a. O. zu diskutieren sein, ob diese von Sundar Singh selbst angegebene Jahreszahl stimmt (Welcher Mensch wird schon 318 Jahre alt?) oder ob diese von ihm selbst erzählte Geschichte nicht doch als Vision zu verstehen ist?

127   vgl. Joh. 21 V. 22

128   Müller, W.: Sundar Singh der Pilger. S. 233

Samnyâsa ist im Hinduismus identisch mit der 'Großen Entsagung' (die den Buddhismus ja auch kennzeichnet). Die Initiation zum Mönchstum ist formelles Ende eines Lebens von dharma und der Beginn des ausschließlichen Suchens von moksa. Unterscheidung zwischen Endlichem und Unendlichem, zwischen Sein und Schein, 'discretio' ist eine Vorbedingung, intensives Verlangen nach Befreiung von allen Fesseln der Endlichkeit die andere.

Der Sâdhu soll allem Endlichen entsagen – Familie, Haus, Besitz, Begierden, um das Unendliche zu erreichen. Nur vier Tätigkeiten geziemen dem Mönch: Kontemplation, Reinheit, Betteln, Alleinsein.[129] Das Zölibat ist für den Sâdhu obligatorisch. Der Sâdhu soll keinerlei Anhänglichkeit an Menschen oder Dinge haben. Verachtung soll er mit Gleichmut ertragen. Er soll alles vermeiden, was einem anderen Lebewesen schaden könnte. Der Sâdhu soll schweigen, außer wenn er religiöse Bücher rezitiert. Vegetarisches Essen ist Selbstverständlichkeit. Er soll stets die Vergänglichkeit aller Dinge erwägen, die Mühen bedenken, die das Leben von der Geburt bis zum Tode begleiten und den endlosen Kreislauf von Werden und Vergehen.

Was die Vollkommenheit des Sâdhu betrifft, so kennt das Hindu-Mönchstum im wesentlichen zwei Stufen: den Abschnitt der Einübung und den Zustand der Vollendung. Die meisten Hindu-Theologen halten fest daran, dass es möglich sei, schon in diesem Leben 'moksa' voll zu erreichen.

Um ein Für und Wider samnyâsa und Mönchtum zu erwägen, so gibt es bei der Begründung wie auch bei der Ablehnung im Hinduismus wie auch im Christentum Parallelen. Es gibt moderne Inder und Christen, die Samnyâsis, Sâdhus und Mönche in Bausch und Bogen verurteilen und als Parasiten der Gesellschaft ablehnen. Problematisch wird es dann, wenn beide – die Samnyâsi, Sâdhu und ihre Gegner – es ernst meinen. Man soll auch nicht vergessen, dass der wohl maßvollste und ausgewogenste Theologe der Kirche ein Mönch war: Thomas von Aquino (er sei in diesem Zusammenhang genannt, obwohl er zu einer anderen Epoche gehört).[130] Auch soll man sich die religiöse Berufung nicht zu primitiv vorstellen.

Bedeutet Hindu-samnyâsa oder Sâdhu zu sein eine Herausforderung an die Kirche? Es ist nicht anzuzweifeln, dass in Westeuropa das Bemühen um die Einheit der Christenheit und die Wiederentdeckung des Ordensideals sich gegenseitig beeinflußten. Ebenso sicher ist, daß in Indien die Begegnung der Kirche mit dem Hinduismus dort eine Neubesinnung bewirkte. Ein christliches samnyâsa kommt aus den verborgenen Tiefen des Christentums als Antwort auf den Anruf aus der Tiefe des Hinduismus. Es gibt Samnyâsi, die dem Missionar erklären, dass er kein Mann Gottes ist, wenn er keine Zeit zum Gebet, zur Meditation und zur Stille hat.

---

129 vgl. Kane, P. V.: History of Dharmasâstra. Poona 1941. I-II, p. 933 ff.; Müller, W.: Sundar Singh der Pilger. S. 234

130 Thomas v. Aquin, Summa theologica, II-II q. S. 186 ff.; Müller, W.: Sundar Singh der Pilger. S. 242

Die Wortlosigkeit und Radikalität des Hindu-samnyâsa – der christl.sâdhu will das religiöse Leben auch, nur auf andere Weise – mag uns die Augen öffnen dafür, dass auch das Christentum eingeübt werden muss wie eine Kunst und nicht auswendig gelernt wie Literatur; gemeint ist der Unterschied zwischen Wörtern und dem großen Schweigen, der auch die indische Religiosität gegen das europäische Christentum abgrenzt.

Um zu unserem indischen Christusnachfolger Sâdhu Sundar Singh zurückzukommen und die Frage zu beantworten, ob er die Bezeichnung 'christlicher Sâdhu' zu Recht trägt, muss gesagt werden, dass er – wie Christus, sein Herr und Meister – heimatlos von Ort zu Ort zieht, oft in die Bergeinsamkeit flieht, das Schweigen und Abgeschiedenheit zum Gebet suchend. Wie dieser predigt er mit einfachen Worten und verlässt alles, seine Familie, seine Heimat. Besitz- und ehelos trägt er nichts bei sich außer einem Neuen Testament und einer Decke zum Schlafen, bekleidet mit dem safranfarbenen Gewand des Sâdhu.

Bereits das große Vorbild seiner Mutterreligion der Sikhs, Guru Nânâk, hatte das safrangelbe Asketengewand angelegt und ein Leben als wandernder Heiliger oder 'Sâdhu' geführt, wie der mittelalterliche indische Ausdruck lautet[131] „Der heilige Geist war es, der mich zum Christen machte, aber meine Mutter war es, die mich zum Sâdhu machte", bekennt Sundar Singh[132] „You must not be careless and wordly like your brothers. You must seek peace of soul and love religion, and some day you must become a holy sâdhu."[133]

Auf seine Reisen als 'Apostel und Christuszeuge der Landstraße' nach Ost und West wird a.a.O. eingegangen[134], in dem der bewusste Vollzug Sâdhu Sundar Singhs Christentum entfaltet wird.

Um seine Biographie abzurunden, muss an dieser Stelle noch gesagt werden, dass seine Vorliebe Tibet galt, wohin er sich stets hingezogen fühlte. Bei seiner letzten Wanderung dorthin ist er 1929 verschollen.[135]

---

131 Heiler, F.: Sâdhu Sundar Singh. S. 9

132 Heiler, F.: Sâdhu Sundar Singh. S. 25

133 Parker, R. Sâdhu Sundar Singh. Called of God. S. 9; Heiler, F.: Sâdhu Sundar Singh. S. 24

134 s. Kap. 4 B

135 Religion in Geschichte und Gegenwart. Bd. VI. S. 526. 2. Version: "Nach 1929 galt er als im Himâlâya verschollen (geb. 1888)"; Briefwechsel 1909 - 1931 Nr. 48. Brief von Heiler an Söderblom. Marburg, vom 15. Februar 1923. S. 193 3. Version: "Er ist auf seinem letzten Gang nach Tibet Ende der 1920er Jahre verschollen."; Sâdhu Sundar Singh.: Gesammelte Schriften. München 1946. Nachwort von Friso Melzer

Kapitel III Einordnung als Mystiker[136]

1. UNTERSCHEIDUNG ZWISCHEN FERNÖSTLICHER UND ABENDLÄNDISCHER MYSTIK

Bereits die Seher der Upanishaden, die in ekstatisch mystischer Einheitsschau die göttliche Realität gleichzeitig als Leere und Fülle, als „το πληρωμα"[137] erfahren haben, entdeckten den mystischen Heilsweg als Erlösung vom leidvollen Geburtenkreislauf (samsâra), dessen Ziel in der Erkenntnis der Einheit des Seelengrundes (âtman) mit der das Weltall durchdringenden göttlichen Macht (brâhman) gipfelt. Diese Einheit findet ihren Ausdruck in den vedântischen Identitätsformeln „brahmâsmi" („Ich bin Brâhma"), „yas tvam asi so 'ham asmi" („Was du bist, das bin ich") und „tat tvam asi" („Dieses, nämlich das Brâhma selbst, bist du"). Mit „du" ist die Seele des Menschen gemeint (âtman); brâhman und âtman sind ein- und dasselbe. Diese Auffassung von der Identität der Seele mit dem göttlichen, allumfassenden brâhman ist natürlich, wie leicht einzusehen ist, für den Charakter der indischen Religiosität von ausschlaggebender Bedeutung geworden. Sie ließ nur Raum für eine Religiosität im Sinne der Mystik. Die Lehre von der mystischen Identität entspricht der Vorstellung von Unsterblichkeit, bei der sich die Einzelseele im Unendlichen auflöst.[138]

Augustinus schreibt: „Noli foras ire, in temetipsum redi, in interiore homine habitat veritas."[139] Damit charakterisiert er das Wesen der Mystik. In das eigene Innere verweist auch der indische Gottsucher – lehrt er doch, das Göttliche, das brâhman, im eigenen Selbst, im âtman, zu suchen; denn dieser ist ja nichts anderes als jenes. „Das Selbst, das sündlos, frei von Alter, frei von Tod, ohne Hunger und Durst, dessen Wünschen wahrhaft (satyakama), dessen Entschluß wahrhaft (satyasankalpa) ist, das soll man erforschen, das soll man suchen zu erkennen; der erlangt alle Welten und alle Wünsche, der dieses Selbst gefunden hat und erkennt."[140]

In sich also muss man schauen, um das höchste Gut zu finden, besagt der Schluss dieser Upanishad Stelle. Die Seele erstrahlt in ihrem dem brâhman identischen Sein, sie steht außerhalb des leidvollen Werdens und Vergehens dieser vergänglichen Welt.

---

136 v. Hügel schreibt am 29.3.1920 an B. H. Streeter und A. J. Appasamy und wird Mitverfasser von 'The Sâdhu'. A Study in Mysticism and Practical Religion, London 1921. Eine Übersetzung erschien mit dem Titel: Der Mystiker und die Kirche (aus Anlass des Sâdhu), in: Hochland 22. 1924 / 250. S. 320-330. Briefwechsel. S. 206 f.

137 vgl. Heiler, F.: Die Mystik in den Upanishaden. München 1925. Sonderdruck aus der "Zeitschrift für Buddhismus"

138 s. Religion in Geschichte und Gegenwart. S. 1239

139 in: "De vera religione" I.39; vgl. auch H. Schomerus.: Vortrag auf der Missionsstudienwoche in Erlangen vom 28. 6. bis 1.7.1927. S. 39

140 Chand. VIII. 7.1. und: Die Weltreligionen und das Christentum. München 1928. S. 39

„Entwerde, damit du bist!" Diese Maxime beinhaltet die Mystik per se, hier speziell die indische Mystik.[141]

Die Frage nach dem heutigen Stellenwert der Mystik kann möglicherweise dahingehend beantwortet werden, dass behauptet wird, Mystik wird in Europa als etwas Fremdartiges empfunden, tritt hier eher sporadisch auf, während sie in Indien das Normale ist. Das individuelle Eigenleben, in Indien als Fessel betrachtet, gilt hier in Europa als das höchste Gut. Wenn hier im Sinne der Mystik von Hingabe geredet wird, dann nicht im Sinne des Aufgehens der eigenen Seele an die anderen Realitäten, sondern, indem die Seele sich hingibt, stärkt sie ihre eigene Position. Die Natur wird aufgesucht, um Kraft für sich selbst zu schöpfen, nicht, um sich in der Natur aufzulösen. Der europäische Naturmystiker gibt sein Dasein nicht an die Natur, um dabei seine Eigenart zu verlieren, sondern um sich selbst zu bereichern. Das Entwerden des europäischen Mystikers ist nicht nur Mittel zum Zweck, sondern Mittel zur Steigerung der Lebensqualität.

Das Entwerden des indischen Mystikers hat eine spezifisch andere Eigenart, die sich erst deutlicher erkennen lässt, wenn sie der christlichen Mystik in Europa gegenübergestellt wird: Unio mystica hier ist nicht gleich unio mystica dort zwischen âtman und brâhman. Hier handelt es sich, nach Schomerus,[142] um eine durch die Identität gegebene, naturhafte unio, dort um eine persönliche unio in dem Sinne, daß die Identität zwischen objektiver und subjektiver Person, zwischen Ich und Du aufgehoben wird. Die Individualität wird in der europäischen Mystik nicht aufgehoben, sie wird geheiligt.[143] Ebensowenig wird der Wesensunterschied aufgehoben; der Mensch bleibt der Mensch und Gott bleibt Gott. Nur der Gegensatz wird aufgehoben. Die Vereinigung von âtman und brâhman ist eine passive. Der europäische Christ legt eine starke Betonung auf die Transzendenz, der Inder auf die Immanenz. Die Mystik betont die Immanenz.

2. MYSTIK IST NICHT AN EINE BESTIMMTE RELIGION GEBUNDEN

Ein indischer Sâdhu (nicht Sundar Singh) schreibt über Mystik[144] „Christliche Mystik ist die höhere Entwicklung des inbrünstigen Meditationslebens. Wenn sie eine christliche ist, dann ist sie weder römisch noch protestantisch. Sie ist eine direkte Gabe von Gott durch Gnade [...]. Christliche Mystik ist das Endstadium der Meditation [...].

> „Mystik geht durch alle Religionen hindurch, sie ist eine bestimmte Phänomenologie der Religionen. Jeder bleibt in seinem Boden verwurzelt." [H. Bürkle]

---

141 ebd. Aufsatz von Hilko Schomerus.: Die Eigenart des indischen Geisteslebens. S. 21-76

142 Schomerus, H.: Vortrag vom 28. 6. bis 1.7.1927 auf der Missionsstudienwoche in Erlangen. S. 40-42

143 ebd.

144 Heiler, F.: Sâdhu Sundar Singh. S. 220

Mystik übergeht die verschiedenen Religionen. Das Religiöse lebt in sich.
* Gott ist überall; der Mensch will Gott mit seinen Sinnen erfahren.
* Im menschlichen Herzen wohnt der Strom der Liebe und der Freude als Anteil am Göttlichen

Der einsame Mensch leidet an der Qual des Nicht - Erkennen - Könnens der eigenen göttlichen Natur.

Vier Voraussetzungen, um Gott zu erkennen, sind:
* der festen Entschluss der Absage an weltliche Dinge
* Barmherzigkeit allen Geschöpfen gegenüber
* Ich und Du sind gleich
* weder Zweifel noch Verneinung, sondern Freude und Lobpreis

Die Mystik sei in ihrem tiefsten Wesen überkonfessionell und überkirchlich; sie sei dieselbe im Orient und Okzident, dieselbe außerhalb und innerhalb des Christentums, so äußert sich Heiler über die Mystik.[145] „Wer Mystiker ist und nicht Katholik wird, ist ein Dilettant."[146] Dieser viel umstrittene Satz Harnacks erfuhr durch die zum Katholizismus neigenden Mystiker seine Bestätigung, als ob der Katholizismus die Mystik für sich in Anspruch genommen hätte und Sâdhu Sundar Singh nicht ein Gegenbeispiel für die evangelische Spielart von Mystik wäre – nur mit hinduistischem Hintergrund.

„Mystiker sind Spezialisten der Religion", gab der Sâdhu einfachen Leuten in Indien zur Antwort, die ihn fragten: „Wenn gelehrte Männer nicht an das Christentum glauben, wie sollen wir denn daran glauben?"[147] Da für ihn Religion Sache des Herzens, nicht Sache des Kopfes ist, ist für ihn die Voraussetzung für das Erkennen von Wahrheit die Hingabe des ganzen Herzens – auf christlicher Ebene. Hier steckt sicher auch ein Ansatz von Bhakti - frömmigkeit, die Ausdruck inniger Verschmelzung mit der angebeteten Gottheit ist und völlige Hingabe des Herzens beinhaltet – auf hinduistischer Ebene. Der Gegensatz zwischen Kopf und Herz drückt andererseits seine starke Reaktion aus gegen die Religionsphilosophie, aus der er hervorgewachsen ist.[148]

---

145 Heiler, F.: Das Geheimnis des Gebets. S. 9

146 ebd.

147 Streeter, B. H.& Appasamy, A. J.: 'The Sâdhu'. p. 145

148 ebd. S. 142

3. WAS IST NUN DAS WESEN DER MYSTIK? ZUM BEGRIFF DER MYSTIK

(Ein Exkurs mit Beispielen) [149]

Mystik[150] als religiöses Urphänomen, bei dem in unmittelbarer Intuition das Erleben Gottes stattfindet, ist die direkte Bewusstwerdung der göttlichen Gegenwart, ein Urphänomen größter Intensität und lebendigster Innerlichkeit.[151] Der Mystiker wendet sich von der sichtbaren Welt ab und strebt danach, sich mit dem Göttlichen zu vereinen. „Mystik ist geradezu das Genießen von Gottes Gegenwart."[152]

Der Akt der „unio mystica",[153] in dem alles Irdische nur zur unzureichenden Chiffre des Überirdischen wird, kann deshalb mit irdischen Termini nur unzulänglich umschrieben werden. Daraus ist das Schweigen („silentium mysticum") [154] des Mystikers abzuleiten und zu begründen.

(Sâdhu Sundar Singh pflegte nach dem Erleben seiner mystischen Visionen, seiner von ihm erlebten Gesichte im unmittelbaren Anschluss daran mit niemandem darüber zu sprechen, da ohnehin keiner seine mystische Schau der göttlichen Gegenwart verstanden hätte. Erst später teilte er sich, danach gefragt, nur seinen engsten Freunden mit.)

4. INDIVIDUELLE UND GEMEINSCHAFTSMYSTIK

Mystik ist eine Verkürzung von mystischer Theologie. Die Mystik – und wir müssen, wie bereits erwähnt, die abendländische von der fernöstlichen Mystik trennen[155] – unterscheidet mehrere Spielarten, z.B. die kühle, impersonale Alleinheitsmystik und eine affektive, personale Gottesmystik, deren Zentralbegriff in Indien 'bhakti' ist, die gläubige und liebende Hingabe an den Erlösergott.

„Durch die Verbindung der Upanishad-Lehre (genannt Vedânta) mit der bhakti entstanden eine Reihe von Systemen einer mystischen Theologie" in Indien, „deren wich-

---

149   s. Appendix

150   Mystik, mystisch , griech, 'μυω' = ich schließe die Augen (nämlich vor der Sinnenwelt)

151   Religion in Geschichte und Gegenwart. S. 1238 ff.

152   Religion in Geschichte und Gegenwart. S. 1259

153   'Die nichtchristliche Mystik erstrebt die 'unio mystica', die christliche Mystik die 'communio mystica'. Sâdhu Sundar Singh.: Gesammelte Schriften 1993[12]. S.140 und S.324[70]. Sundar Singh schreibt über den Sûfismus als pantheistische, mystische Form des Glaubens der Mohammedaner, dass die Sûfis als ihr Leitwort: 'ana'l hakk (ich bin die Wahrheit) gebrauchen, wobei die Übersetzung der Wortwurzel hkk mit 'Wahrheit' irreführend sei und besser mit 'Wirklichkeit' übersetzt werden sollte (also: Ich bin die Wirklichkeit).

154   ebd.

155   s. III 1.

tigste das impersonalistisch-theopantische des Shankara und das personalistisch-theistische des Râmânuja sind."[156] „Die Mystik hat sich mit allen prophetischen Offenbarungsreligionen gekreuzt, wobei die mystische Vergottungsidee mehr oder weniger abgeschwächt und die mystische Übungsweise und Vorstellungswelt dem jeweiligen Religionskreis angepasst wurde."[157] Der Ort der Kirche ist eine „Mystik für alle", schreibt Heiler.[158] Die altchristliche Mystik[159] kann von der Gemeindefrömmigkeit nicht getrennt werden. Sâdhu Sundar Singh, der sich weder einer Kirche noch einer Form von Gemeinschaft angeschlossen hat, ist als Vertreter einer eindeutigen Individualmystik anzusehen.

5. GOTTZENTRISCHE ODER CHRISTOZENTRISCHE MYSTIK?

„Das Ziel der unio cum Christo hat in der imitatio (Nachfolge) Christi die ihm entsprechende Lebensform gefunden."[160] Für Sâdhu Sundar Singh ist der Wesenskern der Religion nicht die gottzentrische, sondern die christozentrische Mystik.[161] Der christozentrische Mystiker ist in erster Linie derjenige, der an ein göttliches, ewiges Wesen denkt {man bedenke Christi Credo: „Ich und der Vater sind eins"[162] oder „Ich bin in meinem Vater, ihr seid in mir und ich bin in euch"[163]}, das er persönlich in der Gegenwart kennt und liebt und erst an zweiter Stelle an den in Galiläa lebenden und dort gestorbenen Menschen.

Auf die Frage, ob er Christus für den größten Mystiker hielte, antwortete Sâdhu Sundar Singh, die Leute, die so fragen würden, würden nicht die Gottheit Christi anerkennen. „Christus ist nicht der größte Mystiker; Er ist der Herr aller Mystiker, der Heiland aller Mystiker."[164]

---

156   Religion in Geschichte und Gegenwart. S. 1239

157   Religion in Geschichte und Gegenwart. S. 1240

158   Heiler, F.: Die Kontemplation der christlichen Mystik. 2. Vortrag. S. 276

159   Religion in Geschichte und Gegenwart. S. 1246

160   ebd.

161   vgl.Streeter, B. H.& Appasamy.A.J.: Der Sâdhu. S. 142

162   Joh.10 V.30

163   Joh.14 V.20

164   Streeter, B. H. & Appasamy. A. J.: Der Sâdhu. Stuttgart 1922. S. 57

6. WAR SÂDHU SUNDAR SINGH MYSTIKER?

Sâdhu Sundar Singhs Leben steht unter dem Zeichen des Wunders, so Heiler.[165] Aber war er Mystiker? Diese Frage erübrigt sich, da sie bereits mehrfachin diesem Sinne beantwortet wurde.

„Man muss bedenken, dass der Sâdhu ein Mystiker ist", schreibt Heiler.[166] Die Mystik bei Paulus – und Sundar Singh wird bekanntlicherweise auch vergleichsweise in die Nähe von Paulus gerückt – war: „Nicht ich, sondern Christus in mir!"[167] Das Geheimnis – mit Christus eins sein – als Chiffre für das Innere:

> „In der Chiffre des Herzens sind wir in der Tiefe, in der wir anzusiedeln sind." (H. Bürkle)

Ist so mystische Einheit zu verstehen? Diese Frage wird mit der Entfaltung dieses Kapitels beantwortet.

„Mystiker sind Spezialisten der Religion", gab der Sâdhu einfachen Leuten in Indien zur Antwort, die ihn fragten: „Wenn gelehrte Männer nicht an das Christentum glauben, wie sollen wir denn daran glauben?"[168] Da für ihn Religion Sache des Herzens, nicht Sache des Kopfes ist, ist für ihn die Voraussetzung für das Erkennen von Wahrheit die Hingabe des ganzen Herzens – auf christlicher Ebene. Hier steckt mit Sicherheit auch ein Ansatz von Bhakti-frömmigkeit, die Ausdruck inniger Verschmelzung mit der angebeteten Gottheit ist und völlige Hingabe des Herzens beinhaltet – auf hinduistischer Ebene. Der Gegensatz zwischen Kopf und Herz drückt andererseits seine starke Reaktion aus gegen die Religionsphilosophie, aus der er hervorgewachsen ist,[169] deren Mystik ihm nicht den von ihm so intensiv gesuchten Frieden [šânti šânti šânti] gebracht hat.

„Sundar Singh ist ein wahrer, schlichter, aufrichtiger, seliger, christlicher Mystiker, und die Frucht seiner Meditation ist der schöne Schmuck in seiner einfachen, aber machtvollen Lehre und Predigt."[170] „Ich glaube, er ist ein echter Mystiker und Yogi [...]."[171] Zum Gottesgedanken bei Sundar Singh: *„Deus Ineffabilis* – mit dieser Lieblingsbezeichnung der Mystiker [...]," so Heiler.[172] Auch und gerade Heiler, der Sâdhu Sundar Singh ausgezeichnet kennt, ordnet ihn als Mystiker ein. Nathan Söderblom teilt seine Meinung nicht nur in diesem Punkt.

---

165 Heiler, F.: Sâdhu Sundar Singh. S. 64

166 Heiler, F.: Sâdhu Sundar Singh. S. 63

167 Galater 2 V. 20

168 Streeter, B. H.& Appasamy,A.J.:Der Sâdhu. S. 145

169 Streeter, B. H.& Appasamy,A.J.:.Der Sâdhu. S. 142

170 Heiler, F.: Sâdhu Sundar Singh. S. 82

171 Heiler, F.: Sâdhu Sundar Singh. S. 105

172 Heiler, F.: Sâdhu Sundar Singh. S. 175

Der Sâdhu selber wollte sich, wie wir wissen, nicht als Mystiker verstanden wissen will, sondern nur als 'frommer Mann' (d.h. eben nur als 'Sâdhu'). Auf die Frage, ob er für sich die Bezeichnung eines 'Mystikers' anerkenne, da er schon die Bezeichnung 'Asket' missbillige, gibt er zur Antwort: „Das ist etwas anderes, aber ich möchte mich auch nicht einen Mystiker schlechthin nennen. Alltagsmenschen und auch viele andere, die es besser wissen könnten, neigen dazu, von jemandem, der sich Mystiker nennt, zu sagen: 'Er mag ja sonst ein ganz vernünftiger Mensch sein, aber in dem einen Punkte ist er verrückt.' Der echte Mystiker lebt mit Gott und erkennt Gottes Willen, und nur ganz wenige, selbst der größten Heiligen, haben es sehr weit darin gebracht. Ich bin ja nur ein Anfänger, [...]. Deshalb nenne ich mich nicht gerne einen Mystiker, ebenso wie ich in Indien stets zu verhindern suche, dass man mich 'Swâmi' nennt. Ich ziehe vor, 'Sâdhu' genannt zu werden, eine Bezeichnung, die nur 'frommer Mann' bedeutet."[173]

Alle die anderen, die ihn beurteilten und einordnen wollten, sahen ihn als Mystiker. Sie hielten sich an die Merkmale der Mystik:

Yoga, Versenkung, Meditation, die in Visionen und Ekstase gipfelt, Schweigsamkeit, Kontemplation, Abwesenheit, „der Welt abhanden gekommen", Streben nach Einheit mit der angebeteten Gottheit, Identifikation mit derselben, Vergottung bzw. Christozentrik (im Falle Sundar Singhs), Zwiegespräch mit Gott im täglichen Gebet.

Sâdhu Sundar Singh hat die Vorstellungen, die man mit einem indischen *und* christlichen Mystiker verbindet, im besten Sinne erfüllt. Die Frage nach dem Mystiker in ihm hat sich bereits und absolut mit seinem Lebenswandel beantwortet. Das restlose Untertauchen der Seele in das all – eine brâhman wie auch seine häufig wiederkehrenden Ekstasen während seiner stundenlangen Meditationen weisen Sâdhu Sundar Singh als indischen Mystiker aus. Als christlicher Mystiker glaubt er, dass ein Christ das ewige Leben hat, weil der Gott, mit dem er geeint ist, ewig ist.

7. PRAKTISCHE ÜBUNGSMYSTIK BEI SÂDHU SUNDAR SINGH

Auch Mystik ereignet sich nicht im luftleeren Raum; sie findet ihren Ausdruck in der täglichen Praxis, intensiven Übung, religiösen Anschauung, Zuwendung und Vertiefung. Worin bestand die praktizierte tägliche Übung bei Sâdhu Sundar Singh?

---

[173] Streeter, B. H. & Appasamy. A. J.: Der Sâdhu. S. 71 f.

a) durch Yoga, Meditation, Ekstase und Visionen
(indischer Aspekt)

Bevor die praktische Ausübung der Mystik bei Sâdhu Sundar Singh nachgewiesen werden soll, muss zunächst klargestellt werden: Der Mensch empfängt die ekstatische Schau und in ihr die mystische Gottesgewissheit als unverdientes Geschenk.[174] „Die mystische Erfahrung besteht ja nicht in subjektiven Stimmungen, Illusionen, Wünschen, sondern ist Erfahrung der transzendenten und zugleich immanenten Wirklichkeit."[175]

Mystische Theologie ist in erster Linie negative Theologie „αποπατικη"[176] Als Beleg dieser Behauptung sei eine Strophe aus dem Kena - Upanishad angeführt, dem Hohen Lied der Unbegreiflichkeit Gottes:

„Das, bis zu dem kein Auge vordringt,
Nicht Rede und Gedanke nicht,
Bleibt unerkannt und nicht seh'n wir,
Wie einer es auch lehren mag."[177]

Das brâhman der Upanishaden gilt als unaussprechbar, undenkbar, unsehbar, unerkennbar.[178] Gerade in der Negation alles Endlichen erfasst der Mensch das Göttliche als höchste Position, als 'ens realissimum',"die Wirklichkeit der Wirklichkeit" {'satyasya satyam'}[179], als „das Eine ohne ein Zweites" {'ekam advitîyam'}.[180] Wegen des übereinstimmenden Parallelismus des ekstatischen Zustandes mit dem mystischen Gottesbegriff kann dieser Terminus {'ekam advitîyam'}, der von Brahma gebraucht wird,[181] auch zur Charakteristik des ersteren benutzt werden.[182] Die Autonomie des Ekstatikers hat ihre Wurzeln in der Sphäre des Unbegrenzten und der unermesslichen Weiten, in die er abschweift. Diese Leere bedeutet für ihn gleichzeitig Fülle: „Das Ei-

---

174 Heiler, F.: Die Mystik in den Upanishaden. München 1925. S. 30

175 Heiler, F.: Die Mystik in den Upanishaden. München 1925. S. 32

176 ebd.

177 ebd.

178 ebd. S. 32 f.; vgl. die Religionsphilosophie Japans; auch der japanische Buddhist spricht den Namen Gottes nicht aus, nimmt diesen nicht in den Mund; Gottes Name ist tabu; vgl. den Begriff der Religion bei dem Philosophen Keiji Nishitani (1900-1990).: Was ist Religion? Frankfurt / Main 1982

179 der heilige 'Geheimname' für das göttl. Mysterium, wie der geheimnisvolle Terminus der Upanishaden lautet; Brhadâranyaka-Upanishad; im Urdu und Hindustani, der Muttersprache des Sâdhu ist "die Wirklichkeit" mystische Umschreibung für die unendliche Gottheit

180 ebd. S. 34

181 Chând. VI 2,1 f

182 Heiler, F.: Die Mystik in den Upanishaden. München 1925. S. 18 f.

ne ('εν')ist nichts anderes als das All ('το παν'), jenes absolut Einfache ('το απλουν') ist nichts Anderes als die absolute Fülle ('το πλήρωμα') (...) in ihm sind beide, Himmel und Erde beschlossen (...) " {samâhitam}[183]

Der Ekstatiker steht „jenseits von Gut und Böse" {anyatra adharmâd}.[184]

Der 'via negationis'[185] gilt als einer der Wege zur Erkenntnis Gottes, von dem das an er ekstatischen Erfahrung sich orientierende Denken mehrere kennt. Da der Ekstatiker das Göttliche ja in der Fülle der Erscheinungen schaut, darum muß das begriffliche Denken notwendigerweise den inneren Zusammenhang zwischen Gott und Welt klarstellen: „Alle Einzeldinge und Einzelwesen sind Konkretisierungen der qualitätslosen göttlichen Unendlichkeit: die Realität der Realität [...]. Weil kein Wesensunterschied zwischen Absolutem und Relativem, zwischen Gott und Welt besteht, weil beide zu substantieller Einheit verbunden sind, darum wird Gottes Gegenwart und Immanenz als Gegenwart und Immanenz seines ganzen Seins vorgestellt."[186]

Das Paradox, dem dieser pantheistische Gedanken zugrundeliegt, besagt: Das Göttliche ist das absolut Unfaßbare, das reine Subjekt und zugleich als Objekt die Fülle dessen, was wir wahrnehmen und erkennen. Das Göttliche als „coicidentia oppositorum" ist die Vereinigung absoluter Gegensätze.[187] Dem Frommen wird die „unio mystica" in der Ekstase zuteil, wird zu einem Dauerstand, einer daraus resultierenden Heilsgewißheit.[188] Der Mensch empfängt die mystische Gottesgewißheit in der ekstatischen Schau als göttliche Gnade, als göttliches, unverdientes Geschenk. Damit bricht über den Ekstatiker die übernatürliche Wirklichkeit als zentrales mystisches Ereignis herein.

Sâdhu Sundar Singh, der seine Erkenntnisse nicht auf wissenschaftlichem Weg erworben hat, also aufgrund von Denkakten, hat einen anderen Weg beschritten. Durch seine persönliche Gottesbegegnung {er nennt sie selbst 'spirituell vision'} werden ihm seine geistigen Augen aufgetan {'spiruell eyes'}:

„Was du jetzt von Mir siehst, das nimmst du nicht mit den Augen des Fleisches wahr, sondern mit den Augen des Geistes"[189] Er selbst gebraucht für diese Geistesschau den Begriff 'Vision'. Wenn Sâdhu Sundar Singh eine Vision hat, in der er 'schaut', dann ist er der Sinnenwelt völlig entrückt; sein Geist hält sich in der unsichtbaren Welt der

---

183   Chand. VIII 1,3

184   Heiler, F.: Die Mystik in den Upanishaden. München 1925. S. 20

185   "Die 'via negationis' kann nicht genügen, solange die Religion Gott sucht und geistiges Genüge wünscht. Sie muss ihre Vollendung in der 'via positionis' haben." Beide Methoden würden sich gegenseitig ergänzen, sagt Söderblom in 'Der lebendige Gott'. S. 55

186   ebd. S. 35 f.

187   vgl. ebd. S. 37

188   vgl. ebd. S. 27

189   Sâdhu Sundar Singh. Gesammelte Schriften. München 1922. S. 288 f./ Stuttgart 1993[12] S. 337

'Wirklichkeit' auf, im Zustand völliger geistiger Wachheit. In dieser 'Schau' kommt es zu einer persönlichen Christusbegegnung, er versinkt nicht ins Wesenlose.[190]

Ohne eigenes Zutun wird der Sâdhu immer wieder in die unsichtbare Welt entrückt, in der er verschiedenen Wesen begegnet, wie Geistern, Engeln und Heiligen. Nach seiner Fastenzeit werden seine Visionen immer häufiger und länger andauernd. Oft ist er stundenlang für seine Umgebung nicht ansprechbar. Nach eigener Aussage haben diese Gesichte mit Spiritismus nichts zu tun.[191] Seine Entrückung kommt über ihn nicht nach eigenem Belieben, sondern unregelmäßig, ohne eigenen Einfluß darauf. Es bedarf allerdings einiger Vorbereitung, nämlich der Abwendung von der Sinnenwelt, der Meditation, des Gebets, das bei ihm oft stundenlang andauert. Sâdhu Sundar Singh berichtet selbst darüber:

> „In Kotgarh wurden vor 14 Jahren, während ich betete, meine Augen für die Himmlische Schau aufgetan."[192]

Seine Ekstasen widerfuhren ihm etwa acht- bis zehnmal im Monat.[193]

Das aus dem Gottesumgang in der Ekstase Sundar Singhs resultierende Ergebnis dient nicht seiner eigenen Erbauung, sondern ist in aller Konsequenz einem tätigen Leben in Selbstlosigkeit und dem praktischen Dienst an der Menschheit gewidmet. Seine Ekstasen und Visionen sind von unbeschreiblichem Frieden und Freude begleitet, seine Entrückungen verleihen ihm innere Kräfte, die ihn zu außergewöhnlicher, tätiger Liebe im Umgang mit seinen Mitmenschen befähigen.

b) durch Kontemplation, Gebet und täglichen Gottesumgang
(christlicher Aspekt)

Die Meditation als Ausdruck der Mystik Indiens, welche auch dort ein Nachdenken über Gottes Sein und Werk ist, geht in der christlichen Mystik über in das Gebet. „Solange ich den Hinduismus übte, brachte ich täglich Stunden mit Meditation zu.[...] Das half mir vielleicht, geistige Dinge zu sehen, aber ich konnte die geistige Wirklichkeit nicht erfassen.[...] Ich wußte, was Betrachtung bedeutet, aber nicht, was Gebet. Erst durch Betrachtung *und* Gebet hat sich mir Gott geoffenbart."[194] „Darum betet ohne Unterlaß!" ermahnt Sâdhu Sundar Singh seine Zuhörer unentwegt, gerade er, der ein Meister und Praktiker des (bei ihm stundenlang anhaltenden) Gebetes ist, welches ein unmittelbares Sichhinwenden zu Gott in der persönlichen Zwiesprache oder ein lebendiges Ich-Du-Verhältnis darstellt. Dem Nicht-Wissenschaftler, dem es nicht um Denk-

---

[190] Sâdhu Sundar Singh. Gesammelte Schriften. München 1922. S. 288 f./ Stuttgart 1993[12] S. 337

[191] Sâdhu Sundar Singh. Gesammelte Schriften. München 1922. S. 288 f./ Stuttgart 1993[12] S. 341

[192] Sâdhu Sundar Singh. Gesammelte Schriften. München 1922. S. 288 f/. Stuttgart 1993[12] S. 341

[193] Sâdhu Sundar Singh. Gesammelte Schriften. München 1922. S. 288 f/. Stuttgart 1993[12] S. 341 f.

[194] Heiler, F.: Sâdhu Sundar Singh. S. 74

akte geht, also auch nicht um den 'via negationis', liegt nur ein schlichtes, ruhiges Leben des Gebets am Herzen mit dem Ziel des sich selbst aufopfernden Dienstes am anderen.[195]

Alle drei Bitten im Gebet, die den mystischen Heilsweg beinhalten, nämlich die Bitten um

1. Läuterung
2. Erleuchtung
3. Reinigung

umschreiben lediglich die eine Zentralbitte aller Mystiker um Gott selbst. Das Gebetsobjekt der Mystiker umschreibt Augustinus pars pro toto: *„Nolite aliquid quaerere a Deo nisi Deum!"*[196]

Die Kontemplation und Einigung mit Gott kann durch meditative und asketische Technik wohl vorbereitet werden, jedoch nicht willentlich herbeigeführt, sondern sie erfolgt „solâ gratiâ". Erwähnenswert ist in dem Zusammenhang der passive, gnadenmäßige Charakter der Kontemplation. Die christliche Mystik spricht ein klares Nein zum außerchristlichen Pantheismus.[197] Auch Sâdhu Sundar Singh hat ein klares Nein zur pantheistischen Mystik der Upanishaden gesprochen, da er nicht nur als indischer Mystiker, sondern – nach seiner Konversion – auch als christlicher Mystiker zu verstehen ist.

8. DAS GEMEINSAME ZWISCHEN INDISCHER UND ABENDLÄNDISCHER MYSTIK

Vergleicht man die Lehre der Upanishaden mit neutestamentlicher Verkündigung, so muß man, nach Heiler, [...]"die dauernde Glaubensgewißheit und die Erfahrung der göttlichen Gnadenwahl ins Auge fassen."[198] In diesem Punkt gibt es seiner Ansicht nach die größte Annäherung zwischen der „Heilslehre" der Upanishaden und dem neutestamentlichen „Offenbarungsglauben."[199] Daraus resultiert der beiden gemeinsame Nenner, den Sâdhu Sundar Singh in seiner Art und Weise der Verkündigung in glänzender Weise vereinigt hat, indem er die altindischen Vêden in die Nähe des Neues Testamentes, speziell des Johannesevangeliums gerückt hat. Das Beispiel eines nordindischen Pandita, das Sâdhu Sundar Singh seinen Zuhörern erzählte, verdeutlicht diesen Gedanken.

---

195 Streeter, B. H. & Appasamy, A. J.: Der Sâdhu. S. 71

196 vgl. Heiler, F.: Die Kontemplation in der christlichen Mystik. Vorträge. Sonderdruck aus dem Eranos - Jahrbuch Zürich 1933. S. 307

197 vgl. Psalm 100 V.3: "Erkennet: Der Herr allein ist Gott."

198 Heiler, F. Die Mystik in den Upanishaden. S. 30 f.

199 ebd.

Dieser soll gesagt haben:

„Ich glaube an die Vêden *mehr* als ihr, weil ich an den glaube, den die Vêden enthüllen, und das ist Jesus Christus."[200]

---

200 Heiler, F.: Die Mystik in den Upanishaden. S. 46 ; vgl. auch Heiler, F.: Sâdhu Sundar Singh. S. 173; ähnlich Brahmâbandhav: "Das Ende des Vedânta ist der Glaube an Christus, den Sohn Gottes." {Animânanda a. a. O. II S.57}

Kapitel IV Der Christuszeuge – Bewußter Vollzug des Christentums

Sundar Singh bekennt sich zum Christentum, indem er Christus, seinen Herrn und 'Meister' schriftlich und mündlich bezeugt.

A Art und Weise seines Zeugnisses

1. SCHRIFTEN

In seinen Schriften – von Sundar Singh liegen sechs eigenhändig verfaßte Schriften vor – in denen er sich an die Allgemeinheit wendet, verzichtet er auf Wundergeschichten, erwähnt nichts von seiner Bekehrung, seinen Ekstasen und Himmelsvisionen, noch etwas von wunderbaren Errettungen[201] – mit Ausnahme seiner sechsten Schrift „Mit und ohne Christus",in der er auch persönliche Ereignisse aus seinem Leben erzählt. – Dort spricht er nur von *einem einzigen Wunder*, dem geistigen Wunder der Sündenvergebung, der inneren Wiedergeburt und dem Frieden des Herzens. Jeder Beter erfahre Wunder in seinem Leben. Der Vorwurf von Fantasie und Schwärmerei kann anhand seiner Schriften nicht nachgewiesen werden.

Von dem „begnadeten, jungen Propheten Jesu Christi, den Gott in unseren Tagen dem indischen Volk erweckt hat", wie E.Pohl[202] Sundar Singh nennt, liegt wenig Schriftliches vor. Einiges davon verfaßte er auch nur auf Drängen seiner engeren Freunde. In diesem Kapitel sollen seine Schriften kurz vorgestellt, dabei eine Auswahl bei der Interpretation getroffen werden.

Sundar Singhs Botschaft, 'Maktab i Masih', wurde von ihm 1921, vor seiner Tibetreise, geschrieben.

Es handelt sich um einen mystischen Dialog zwischen dem Jünger und seinem Meister Jesus Christus, eine Form, die in der Erbauungsliteratur des Mittelalters sehr gebräuchlich ist. Rahmengeschichte: Versuchungserlebnis des Sâdhu im Dschungel. Ein Sanctissimum seines Christusumgangs mit mystisch-visionärem Rahmen: Der lebendige Christus redet zur betenden Seele. Diese Schrift enthält Grundgedanken seiner Verkündigung. Da gerade auch seine Visionen, über die er selten und nur seinen engsten Freunden gegenüber spricht, für ihn als Mystiker bezeichnend sind, soll dieser Schrift, die Heiler für seine wichtigste und tiefste hält, mehr Aufmerksamkeit gewidmet werden.

Die sechs Kapitel seiner eigenen Niederschrift 'At the Master's Feet' ['Zu des Meisters Füßen'. 'In der Schule des Meisters'] bezeichnet er selber als „Gesichte"[203], die man sich nicht in schwärmerischer Manier vorstellen soll. In ihnen entsteht ein Gesamtaus-

---

201 s. Brunnenerlebnis

202 s. Vorwort des Übersetzers

203 ebd.

druck seiner Persönlichkeit, nicht aus dem Zusammenhang gerissen wie viele seiner Predigten, die nur Bruchstücke darstellen.

Auf die an ihn gestellte Frage nach der Gewichtigkeit dieser seiner Gesichte – gemessen an der Heiligen Schrift – gab er die simple Antwort: „Derselbe HERR, der die Schrift eingab, ist auch der Meister, zu dessen Füßen ich sitze; Er selbst schließt jeden Mißklang aus!"[204]

Das Überzeugende an Sundar Singh ist nicht dessen Eloquenz; es ist die *Communicatio fidei*[205]. E.Pohl vergleicht die innige Gemeinschaft des Sâdhu mit dem Lebendigen Christus mit dem „Feuer in der Kohle und" der „Kohle im Feuer"[206]

a) 'Maktab i Masih' 'At the Master's Feet'
- 'Zu des Meisters Füßen' -

ERSTES GESICHT

Im ersten Gesicht, das er 'die Offenbarung der Allgegenwart Gottes' nennt, stellt Sundar Singh die Frage nach dem 'deus absconditus': Warum zieht sich Gott, „der Brunnquell allen Lebens", auf seine Unsichtbarkeit zurück, warum tröstet er die Seinen nicht sichtbar? Wie Blindheit das Fehlen von Sehkraft ist, und ein blinder Mensch die Farben nicht sehen kann, so sieht ein Sterblicher mit seinen sterblichen Augen nur das Sterbliche. Allerdings ist niemand in der Lage, seine eigene Seele zu sehen.[207] Da der Mensch seine eigene [unsterbliche] Seele nicht sehen kann, könne er folglich auch nicht deren Schöpfer mit eigenen Augen sehen. Nur mit geistlichen Augen können wir Den sehen, der „Geist" ist.[208]

Dieses innere Sehen nennt Sundar Singh 'Erkennen'.[209] Obwohl wir Christus nicht sehen können, erhalten wir aus seiner Gegenwart den wahren Frieden. Christus muß erst als der Sohn Gottes gesehen und nicht für einen Propheten oder den Menschensohn gehalten werden.

---

204 ebd.

205 vgl. Bürkle, H: Festschrift für Eugen Biser

206 ebd. u. S. 8; Sundar Singh beschließt sein erstes "Gesicht" mit dem Satz: "Wie Feuer in der Kohle und die Kohle im Feuer ist, so ist der HErr mit Seinen Kindern, und sie sind in IHm, und durch sie offenbart Er Sich andern Menschen." Das Beispiel mit der Kohle und dem Feuer sind inhaltlich aus den Veden genommen.

207 Weiß das Heer der ausgebildeten Psychologen, was denn eigentlich die Seele des Menschen *ist* oder wird nicht nur mit der Selbstverständlichkeit der Welt über sie geredet, als wüsste jedermann genau über sie Bescheid?

208 vgl. Apg. 10 V.40,44; s. auch: 'Gott ist "Geist", und wenn wir Ihn anbeten, so müssen wir Ihn im Geist und in der Wahrheit anbeten'.

209 S. 6

Gott offenbart sich dem Menschen in einer dem Menschen entsprechenden Weise. Da der Mensch ein begreifliches Wesen ist, kann er Gott nicht sehen, obwohl er seiner Natur gemäß denjenigen sehen möchte, dem er vertrauen kann. „Aber es ist unmöglich, den Vater zu sehen, denn Seine Natur ist unbegreiflich, und wer den Unbegreiflichen schauen will, muß selbst unbegreiflich sein"[210]. Deswegen wählt Gott den Weg der Menschwerdung; diesen kann der Mensch verstehen. Jesus als Abbild des unsichtbaren Vaters[211] könnte sprechen; „Wer mich gesehen hat, hat den Vater gesehen"[212]. Als Mensch gewordenes Wort können wir Menschen Gott erkennen. Auf diese Weise soll der Bruch zwischen Gott und dem Menschen beseitigt werden; denn der Mensch wurde geformt nach dem Ebenbild des himmlischen Vaters[213]. Gottes Offenbarung geschieht durch das Wort, das gleichzeitig Geist und Leben ist[214]. Ohne das geistliche Sehvermögen können wir Gott nicht sehen. Der Zweifler fragt: Warum gibt es Schmerz, Leid und Tod? Der Zustand des menschlichen Geistes, der im menschlichen Körper wohnt, soll zur Vollendung gelangen. So ist die Seele des kräftemäßig begrenzten und an seinen Körper gebundenen Menschen durch die Kraft des Glaubens für die Ewigkeit bestimmt.[215]

ZWEITES GESICHT

Das zweite Gesicht handelt von der zerstörenden Macht der Sünde und deren Erlösung. Sünde als Zustand der Auflehnung gegen den göttlichen Willen und der absichtlichen Zuwendung zum Unrecht widerspricht dem Schöpfer, dessen Wesen gut ist. Als nicht erschaffen fehlt der Sünde die Berechtigung. Sâdhu Sundar Singh nennt als Beispiel das Licht: „Licht hat ein Dasein, aber Finsternis nicht. Finsternis ist einfach Abwesenheit des Lichtes."[216] Analog erfahre das Gute erst durch den Gegensatz der Bitterkeit des Bösen die eigentliche Hochschätzung. Durch die Menschwerdung Jesu, der das Licht der Welt wurde, hat Gott das Übel zum Guten gewendet.[217] Gott ist die Liebe, und Gott findet den flüchtenden sündigen Menschen.[218] Sundar Singh nennt Sünde

---

210 S. 8

211 "Er ist das Ebenbild des unsichtbaren Gottes." Kol. 1 V. 15

212 Joh. 14 V. 9

213 S. 10

214 "Der Geist ist es, der lebendig macht; [...] Die Worte, die ich zu euch gesprochen habe, sind Geist und sind Leben", Joh. 6 V.63. S. 11

215 S. 12 f.

216 S. 14

217 S. 15

218 "Wohin könnte ich fliehen vor deinem Geist, wohin mich vor deinem Angesicht flüchten?" Ps. 139 V.7. Der Psalm von dem allwissenden Gott

den Zustand geistlicher Verfinsterung, eine Konsequenz des menschlichen Ungehorsams.[219] Der Mensch sei für die Gemeinschaft mit Gott geschaffen.

Sâdhu Sundar Singh stellt das Herz in der Funktion als Tempel, als göttliche Wohnung über die Gelehrsamkeit des Verstandes, den er lediglich für ein Werkzeug hält.[220] Durch die Verweigerung, den ihm von Gott zugedachten Weg, der zu seiner Erlösung führt, anzunehmen, stirbt der so verlorene Mensch.[221] Nicht das natürliche Denken und natürliche Güte nützen dem Menschen: „Allen, die dem Vertrauen auf ihre eigene Gerechtigkeit entsagen und Ihm nachfolgen, gibt Jesus wirklichen Frieden und ewiges Leben."[222]

DRITTES GESICHT

Die Frage des dritten Gesichtes, ob der Mensch die göttlichen Absichten durch sein Beten ändern könne, muß mit 'Nein' beantwortet werden. „Das Gebet ist gleichsam das Atemholen der Seele in Gottes Geist."[223] Durch seine Schöpfung wurde der Mensch zu einem lebendigen Wesen.[224] Im Gebet wird ihm Weisheit und ewiges Leben gegeben.[225] Der betende Mensch unterwirft sich, er empfängt den Frieden, nach dem sich sein Herz sehnt.[226] Die menschliche Seele dürstet nach dem lebendigen Gott.[227] Nicht um die Erfüllung momentaner Bedürfnisse geht es, sondern um geistliche Nahrung. Der geistliche Hunger dient der Einsicht, daß der Mensch um seine Abhängigkeit weiß und sich nicht selbst für einen Gott halte.[228]

„Wer im Gebet und im Stande geistlicher Gemeinschaft mit Gott lebt, [...] erhält Gottes Natur."[229].Gebet bedeutet für Sundar Singh Seligkeit in Gott.[230] Beten ermöglicht

---

219 S. 18

220 "Seid klug wie die Schlangen und ohne Falsch wie die Tauben" Matth. 10 V. 16

221 S. 18 f.

222 S. 24

223 S.25

224 1. Mose 2. V. 7

225 S.26

226 S. 28

227 S. 28

228 S. 32

229 ebd.

230 S. 33

Wunder.[231] Beten bedeutet Wiedergeburt.[232] Nur der gehorsame Mensch erhält im Gebet, wessen er bedarf.[233]

VIERTES GESICHT

Was mit 'Dienst' gemeint sei, fragt Sundar Singh in seinem vierten Gesicht. Um die übrige Schöpfung zu erhalten, braucht Gott unsere Hilfe nicht. Er selber hat für ihren Fortbestand gesorgt. Indem man einen anderen rette, rette man sich selbst. So definiert Sundar Singh den Dienst.[234] Dieser soll zum Segen anderer gereichen.[235] Dienst bedeutet, etwas tun, nicht nichts tun. Als Salz der Erde und als Licht der Welt[236] müssen die Kinder Gottes im Schmelztiegel des Heiligen Geistes geschmolzen werden, sonst käme das Salz nicht zur Wirkung.[237] „Wer durch den Heiligen Geist Wasser des Lebens andern mitteilt, bleibt heilig und wird und ist ein Erbe des Reiches Gottes."[238]

„Um die Wirklichkeit zu entdecken, ist Liebe der einzige Prüfstein – allein dadurch wird jedermann erkennen, daß ihr meine Jünger seid, sprach der Herr."[239] Der Mensch soll aus dem Zustand der Verlorenheit herausgeholt werden und zu dem hohen und herrlichen Leben im Himmel erhöht werden.[240] Sundar Singh bezeichnet jeden Tag unseres Lebens als kostbaren Diamanten. Im Dienst dessen, der uns Leben, Perlen und Diamanten schenkt, sind wir aufgerufen, keine Zeit zu vergeuden.[241]

---

231 S. 35

232 S. 36

233 "Und alles, was ihr im Gebet erbittet, werdet ihr erhalten, wenn ihr glaubt" Matth. 21 V. 22.

234 S. 37

235 S. 44

236 Matth. 5 V. 13, 14

237 S. 39

238 S. 40

239 S. 41

240 S. 42

241 ebd.

FÜNFTES GESICHT

Auf die Frage: Was ist das Kreuz? Warum gibt es so viel Leid und Unglück in der Welt? antwortet Sundar Singh selber: „Das Kreuz ist der Schlüssel zum Himmel. Die Bitterkeit von Leid und Unglück ist wie ein Gegengift, was als Heilmittel zu verstehen ist. Sundar Singh nennt sie Schläge treuester Liebe an uns.[242] Im Leid ist bereits die wahre Freude inbegriffen.[243] Sundar Singh vergleicht das Kreuz mit der Walnuß, deren äußere Schale bitter, deren Kern jedoch erquickend ist.[244] Der Kreuzestod Jesu dient dazu, den Menschen von der Bitterkeit des eigenen Todes zu befreien.[245]

SECHSTES GESICHT

"Was ist Himmel und Hölle, und wo sind sie?" fragt Sâdhu Sundar Singh in seinem sechsten Gesicht. "Himmel und Hölle sind Zustände der künftigen Welt, welche ihre Ursache in den Herzen der Menschen haben und in dieser Welt begründet sind. Wie der Mensch seinen eigenen Geist mit seinen Augen nicht sehen kann, so kann er auch die beiden geistigen Zustände nicht sehen, aber er kann sie in sich selbst wahrnehmen."[246] Weil der Mensch keine wirkliche Befriedigung in dieser Welt findet, ruht seine Seele nicht, bis sie wahren Frieden gefunden hat.[247] Der himmlische Friede wohnt bereits auf der Erde in den Herzen derer, die im geistlichen Leben beheimatet sind.[248]

Beruhen geistlicher Friede und geistliche Freude auf Einbildung? Sundar Singh warnt vor der Verführung durch die Philosophie.[249] Die ungläubigen Philosophen seien ohne Freude und ohne den wahren Frieden.[250] Erst wer aus dem Geist neu wiedergeboren wird, kann in das Reich Gottes kommen.[251]

---

242 S. 48. "Denn nicht für immer verwirft der Herr [...] nicht freudigen Herzens plagt und betrübt er die Menschen." Klagel. 3 V.31 und 33.

243 S. 46

244 S. 48

245 ebd.

246 S. 54

247 ebd.

248 S. 58

249 "Gebt acht, dass euch niemand mit seiner Philosophie und falschen Lehre verführe, die sich nur auf menschliche Überlieferung stützen und sich... nicht auf Christus berufen. Denn in ihm allein wohnt wirklich die ganze Fülle Gottes"; Kolosser 2 V. 8 und 9.

250 S. 59

251 Das Gespräch mit Nikodemus, Joh. 3 V.1-13

Was ist der Grund, daß Friede und Freude fehlen? Um dem Menschen seine Schwachheit zu zeigen, entzieht sich Gott vorübergehend den Seinen.[252] „Denn dieses Vergängliche muß sich mit Unvergänglichkeit bekleiden und dieses Sterbliche mit Unsterblichkeit;"[253] „[...]denn das Reich Gottes ist[...]Gerechtigkeit, Friede und Freude im Heiligen Geist."[254]"Zuletzt werden Gottes liebe Kinder herrschen im Reiche ihres Vaters, welches ist Friede und Freude im Heiligen Geist."[255]

b) 'The Search after Reality'
- 'Das Suchen nach der Wirklichkeit' -

Die religiöse Grundauffassung seiner Schrift 'The Search after Reality' oder 'Das Suchen nach der Wirklichkeit'[256] ließe sich folgendermaßen auf einen Nenner bringen:Sundar Singh betont, daß Gott nicht eine Projektion oder Abstraktion menschlicher Gedanken oder Gefühle ist, keine Schöpfung des menschlichen Geistes, sondern die von unserem Bewußtsein unabhängige, alle menschliche Fassungskraft übersteigende Wirklichkeit ('ens realissimum' - το οντως ον). Das Suchen nach der göttlichen Wirklichkeit (Wirklichkeit ist eine Umschreibung für Gott in der alten vedisch-brâhmanischen wie in der sûfistischen Mystik) ist für Sundar Singh ein Suchen *Gottes nach dem Menschen*, welches sich „zuletzt offenbart im vollen Strahlenglanze Christus", der"Sonne der Gerechtigkeit."[257]

Die ewige göttliche Wirklichkeit ist nicht nur Ziel, sondern Ursache, Geschichte aller Religion. Vergleichbar der Kompaßnadel, die vom Pol angezogen wird, so zieht Gott die Menschenseele an. Teil 1(Kap.V A) zeigt auf, wie sich dieses Suchen und Sehnen, das wir Religion nennen, zur göttlichen Wirklichkeit verhält. Teil 2-4 bieten eine kritische Beleuchtung der drei bedeutendsten indischen Religionen: Hinduismus, Buddhismus, Islâm."Da ich in enger Berührung mit dem Hinduismus, Buddhismus, Islâm und Christentum lebte, habe ich die heiligen Bücher dieser Religionen sowie die Schriften ihrer führenden Denker studiert; durch den persönlichen Verkehr mit zahlreichen Anhängern dieser Religionen konnte ich mir viele Belehrung über ihre Glaubensanschauungen verschaffen. Was sich aus meinem Nachdenken über diese vier großen Religionen ergab, habe ich in diesem Buche niedergelegt"[258].Hier führt er die Lehre des strengen vedantischen advaita (Monismus) ad absurdum und bringt Einwände gegen das Zentraldogma des indischen Geisteslebens,die Lehre vom samsava, der Seelenwanderung.

---

252 "Das Vergängliche erbt nicht das Unvergängliche", 1. Kor. 15 V. 50, 53

253 ebd.

254 Röm. 14 V. 17

255 Offenb. 22 V. 5. S. 60f.

256 s. Literaturverzeichnis. I. 3. 4

257 Heiler, F.: Die Wahrheit Sundar Singhs. S. 80 f.

258 Vorwort des Sâdhu. Subathu, Simla Hills, Sept. 1924

Es geht Sundar Singh nicht um einen systematischen und historischen Überblick über diese Religionen, sondern er versucht, einige entscheidende Grundsätze dieser Religionen vorzulegen in der Hoffnung, daß seine Leser die Wahrheit besser erkennen können..[259] Teil 5 [260] bringt als Höhepunkt das Christentum. Der christliche Glaube als Glaube an den lebendigen Christus hat für Sundar Singh zwei Pole: den menschgewordenen Christus der Geschichte und den fortlebenden Christus im Himmel. Kapitel 1 bis 4 zeigen Sundar Singh als Denker und Kritiker, Kap.5 als Gläubigen, Bekenner und Zeugen. Er verkündet, ebenso begeistert wie Ghândi, das non-violence-Ideal und verteidigt das Christentum: „Seid vollkommen, wie euer Vater im Himmel vollkommen ist" und hält uns als religiöser Denker den ungebrochenen Glauben an die Gotteswirklichkeit vor Augen; „DieGotteswirklichkeit allein kann die Sehnsucht der Seele stillen" [261]

c) **'Gotteswirklichkeit und Religion, Gedanken überGott, Mensch und Natur'**

- 'Reality and Religion, Meditations on God, Man and Nature' -

In seinen Meditationen 'Wirklichkeit und Religion, Innerungen über Gott, Mensch und Natur',[262] 1923 nach seiner Tibetreise geschrieben, hält Sundar Singh Gedanken, Anschauungen und Ergebnisse eigener Meditation fest. „Ich bin weder Philosoph noch Theologe, sondern ein niedriger Knecht des Herrn, dessen Freude es ist, über die Liebe Gottes und die großen Wunder seiner Schöpfung nachzudenken."[263] Sundar Singh hält für unbeschreibbar, was er allein durch das Sinnen seines Herzens in der Meditation und im Gebet über die Gotteswirklichkeit erfahren hat. Worte können die tiefen Wahrheiten, welche die Seele in diesen feierlichen Augenblicken fühle, nicht ausdrücken.[264] „Lass dir wohlgefallen die Rede meines Mundes und das Sinnen meines Herzens vor Dir, Herr, mein Hort und mein Erlöser!" So endet der 19.Psalm des königlichen Sängers David über die Offenbarung Gottes in Natur und Gesetz. Diese Worte sind kennzeichnend für die innere Haltung Sundar Singhs, des indischen Christen und Pilgers, die er meditierend einnimmt, sinnend und betend den Offenbarungen Gottes lau-

---

259 Das Urdu-Manuskript des Verfassers, d.h. die ursprüngliche Niederschrift in der Hindustanisprache wurde von der neuseeländischen Presbyterianermission in Khara (Panjab) ins Englische übersetzt und auf persönliche Bitte des Sâdhu von dem Religionshistoriker F. Heiler vom Engl. ins Dt. übertragen

260 = Kap. V B.1.

261 Sâdhu Sundar Singh.: Das Suchen nach Gott .S. 93

262 'Reality and Religion' oder 'Gotteswirklichkeit und Religion'.Untertitel: Meditations on God.Man and Nature.London 1924; Gedanken über Gott.Mensch und Natur.München 1925; Par Christ et pour Christ.Discours du Sâdhu Sundar Singh. Lausanne 1923

263 Sâdhu Sundar Singh in seinem Vorwort, geschrieben im Sept. 1923 in Subathu, Simla Hills

264 ebd.

lauschend. 'Reality' ist mit 'Gotteswirklichkeit' übersetzt.[265] Der Sâdhu behandelt in dieser Schrift verschiedenste Probleme des religiösen und sittlichen Lebens. Sie ist „aus der Versenkung geboren" [*samadhi-ja*], aus der indischen Kunst des „erwägenden und überlegenden Sinnens" [*savitarka savicara dhyana*] und kann nur durch das „Sinnen des Herzens" recht verstanden werden (*'similia similibus cognoscuntur'*).[266] Sundar Singhs Lieblingswort, das Schlüsselwort seiner Gottessuche: „Friede, Friede, Friede ('Šânti, šânti, šânti'), das am Anfang und Ende aller Upanishadtexte der Veden steht, charakterisiert diese Schrift.

d) 'Innerungen über verschiedene Seiten des geistlichen Lebens'

In seiner kurzen vierten Schrift „Innerungen über verschiedene Seiten des geistlichen Lebens" handelt Sâdhu Sundar Singh jene Schwierigkeiten ab[267] „denen jeder Gottesmensch notwendigerweise begegnet, wenn er die verschiedenen Stufen seines geistlichen Lebens durchläuft". Er schreibt von des Menschen Sehnsucht nach Gott, fragt, ob Gott erkennbar sei, fragt nach dem Bösen und dessen Wirkung, beschreibt die zwingende Notwendigkeit zu glauben: „Die Beschaffenheit unseres Geistes zwingt uns, an das Dasein eines unendlichen und unbedingten Wesens zu glauben."[268] „Gott ist die Grundlage und das Leben aller Sittlichkeit, denn Er ist die Quelle alles Guten. Ohne Gott gleicht das sittliche Leben einem Stein: es ist schön, aber kalt und leblos. Nur wer seine Verbindung mit Gott ungebrochen bewahrt, kann in der Güte und Wahrheit fortschreiten, die doch die Schönheit der Seele ist", so beginnt er das 10. Kap. über Sittlichkeit und Schönheit. Dem' Reich Gottes' folgen 'Dienst und Opfer'.

e) 'Gesichte der Geisteswelt'

In seinem fünften Buch „Gesichte der Geisteswelt" gibt er eine kurze Beschreibung des Geisteslebens, seiner verschiedenen Seinszustände und des Schicksals guter und böser Menschen, wie es in Gesichten geschaut wurde. Zum Verständnis der fünften Schrift ist zu sagen, daß der Sâdhu immer wieder in die unsichtbare Welt entrückt wurde. In diesem Buch versucht er, über einige Gesichte zu schreiben, die ihm Gott geschenkt hat. Darin besteht eine Parallele zu seiner ersten Schrift „Zu des Meisters Füßen." Nach eigenem Dafürhalten würde er diese Schrift nicht noch zu seinen eigenen Lebzeiten herausgegeben haben. Er tut es einigen seiner Freunde zuliebe, deren Urteil er schätzt. Sundar Singh schreibt in seinem Vorwort zu diesem Buch im Juli 1926 in Subathu: „In Kotgarh wurden vor vierzehn Jahren, während ich betete, meine Augen für die Himmlische Schau aufgetan. So lebendig sah ich alles, daß ich dachte, ich müßte gestorben sein, und meine Seele sei in die Herrlichkeit des Himmels einge-

---

265 vgl. Einleitung zu dieser Schrift

266 Heiler, F.: Die Wahrheit Sundar Singhs. S. 79f.

267 wie er in seinem Vorwort vom 25.8.1925 in Subathu, Simla Hills, selbst schreibt

268 Kap. 9

gangen." In diesem Buch werden wiederholt Geister, Heilige und Engel erwähnt. Der Unterschied besteht darin: Es gibt gute wie böse Geister, die sich nach dem Tod in einem Zwischenzustand zwischen Himmel [269] und Hölle befinden. Heilige, denen ein besonderer Dienst aufgetragen wurde, sind bereits durch diesen Zustand in einen höheren Bereich der Geisteswelt eingetreten. Engel wären jene herrlichen Wesen, die einander in Liebe dienen und im Glanz der Herrlichkeit Gottes ewig selig sind. „Die Geisterwelt meint jenen Zwischenzustand, in den die Geister eintreten, wenn sie den Leib verlassen haben. Die Geisteswelt umfaßt alle Geisteswesen, die die Stufen zwischen der Finsternis der bodenlosen Tiefe und dem Thron des Herrn im Licht durchlaufen."[270]

Als Leseprobe aus dieser Schrift sei ein Abschnitt ausgewählt, den der Sâdhu mit 'Der Tod des Philosophen' überschreibt: „Die Seele eines deutschen Philosophen trat in die Geisterwelt ein und sah aus der Ferne die unvergleichliche Herrlichkeit der Geisteswelt und die grenzenlose Seligkeit ihrer Bewohner. Er war entzückt von dem, was er sah, aber sein widerspenstiger Intellektualismus stand ihm im Wege, so daß er nicht eintreten und an ihrer Seligkeit teilhaben konnte. Anstatt daß er zugab, sie wäre wirklich, stritt er mit sich also: „Es besteht gar kein Zweifel, daß ich das alles hier sehe. Aber wie läßt sich beweisen, daß es unabhängig vor mir da ist, daß es nicht irgendeine Täuschung ist, die mein Geist heraufbeschworen hat? Ich will an alles von einem Ende bis zum anderen den Prüfstein der Logik, Philosophie und Wissenschaft anlegen. Dann erst will ich überzeugt sein, daß es wirklich ist und keine Täuschung." Da antworteten ihm die Engel: „Deine Rede zeigt, dein Intellektualismus hat dein ganzes Wesen verkehrt. Wer die Geisteswelt sehen will, braucht dazu Geistes- und nicht Körperaugen.

Ebenso braucht, wer ihre Wirklichkeit verstehen will, geistliches Verstehen und keine Verstandesübungen in den Grundlehren der Logik und Philosophie. Deine Wissenschaft, die es mit stofflichen Tatsachen zu tun hat, ist mitsamt deinem leiblichen Schädel und Gehirn in der Welt zurückgeblieben. Hier kann man nur jene Weisheit gebrauchen, die aus der Furcht Gottes und der Liebe zu Ihm entspringt." Dann sagte ein Engel zu einem anderen: „Wie traurig ist es doch, daß die Menschen jenes kostbare Wort unseres Herrn vergessen: 'Es sei denn, daß ihr umkehrt und werdet wie die Kinder, so werdet ihr nicht in das Himmelreich kommen'" Ich fragte einen Engel, was das Ende dieses Mannes sein würde, und er antwortete: „Wenn das Leben dieses Menschen durchweg schlecht gewesen wäre, dann würde er sich sofort zu den Geistern der Finsternis gesellt haben; doch ist er nicht ohne sittliches Empfinden. So wird er eine sehr lange Zeit hindurch blind in dem Dämmerlicht der unteren Teile des Zwischenzustandes herumwandern und sich weiterhin seinen Philosophenschädel stoßen, bis er seiner Torheit müde wird und Buße tut. Dann wird er bereit sein, die nötige Belehrung von den dazu bestimmten Engeln zu empfangen. Und nach dieser Belehrung wird er

---

269   Die Inder kennen zwei Orte für 'Himmel': 1. swarga = die Wohnung der Guten bzw. des guten Menschen; d.h. der Zustand der Erlösten; 2. âkâsh = engl. 'sky'; der Himmel, den wir sehen

270   Ende des Vorworts

fähig sein, in das vollere Licht Gottes in dem höheren Bereich einzugehen."[271] Unser ganzer unendlicher Raum sei – insofern ihn die Gegenwart Gottes, der Geist ist, erfüllt – eine Geisteswelt. In einem andern Sinn sei auch die Welt eine Geisteswelt; denn ihre Bewohner seien Geister, in menschliche Leiber gekleidet.[272]

Die Schwierigkeit dieser Schrift besteht nach Friso Melzer[273] in den Grenzen der Sprache und der Schwierigkeit, jene Gesichte anderen Menschen auf dem Weg über die Sprache mitzuteilen: „Ich werde versuchen, eine kurze Erklärung zu geben aus den Erfahrungen meiner Gesichte, obgleich ich nicht alles beschreiben kann, was ich in den Gesichten von der Geisteswelt geschaut habe, denn die Sprache und die Bilder dieser Welt reichen nicht zu, um diese Geistewirklichkeit auszudrücken; und der bloße Versuch, die Herrlichkeit des Geschauten in gewöhnliche Sprache zurückzubilden, führt leicht zu Mißverständnis",[274] schreibt Sundar Singh selbst in dieser Schrift. Mit einem abschließenden Urteil über diese Schrift müsse man vorsichtig sein, so Friso Melzer.[275] Auch diese Schrift stehe, wie alles, was Christen schreiben, unter dem Urteil der Schrift. Er vergleicht die Entrückung Sundar Sings mit der von Paulus[276] und mit der geistlichen Schau der gewaltigen Offenbarungen des Johannes im letzten Buch der Bibel. Immer wieder begnadet Gott einzelne Christen, indem er sie entrückt.

Friso Melzer vergleicht Sundar Singh mit so manchem Mystiker im Mittelalter. Die abendländische Theologie sei noch viel zu sehr Sklave des Rationalismus, um für theologische Aspekte gerade dieser Schrift hinreichendes Verständnis aufzubringen.

f) 'Mit und ohne Christus'

In seiner letzten Schrift „Mit und ohne Christus" beschreibt Sundar Singh Erlebnisse von Christen und Nicht-Christen, denen er auf seinen evangelistischen Reisen in verschiedene Teile der Welt begegnet ist. Er beschränkt sich auf ganz persönliche religiöse Erfahrungen und vergleicht darin das Leben derer, die mit Christus leben, mit dem derjenigen, die ohne Ihn leben. Hinzu fügt er eigene Erfahrungen, was er selber ohne Christus war, und was die lebendige Gegenwart Christi ihm jetzt bedeutet. Nach seiner Meinung wird die Kraft und Gegenwart des lebendigen Christus weder in der Philosophie noch in der Logik dieser Welt gefunden, sondern im Leben und in den Erfahrungen echter Christen.[277] „Ohne Christus war ich wie ein Fisch außerhalb des Wassers oder wie ein Vogel im Wasser. Mit Christus bin ich im Ozean der Liebe und bin, wäh-

---

271 Sâdhu Sundar Singh.: Gesichte der Geisteswelt. S. 186f.
272 ebd.
273 ebd. S. 292
274 Sâdhu Sundar Singh.: Gesichte der Geisteswelt. Kap. 1. S.180 f.
275 ebd. S. 295
276 2. Kor. 12 V.2 ff.
277 ebd. Sâdhu Sundar Singh.Vorwort seiner sechsten Schrift im August 1928 in Subathu

rend ich noch in der Welt lebe, im Himmel.²⁷⁸ Für all das sei Ihm Preis und Ehre und Dank in Ewigkeit." Damit beschließt Sundar Singh seine letzte Schrift,²⁷⁹ in der er auch sein Leben selbst schildert.

Zusammenfassend zu seinen Schriften kann gesagt werden: Was der Sâdhu dem Abendland selbst mitteilen wollte, hat er in diesen sechs ins Englische übersetzten Schriften selbst herausgebracht. Da er das selbst veranlaßt hat, können seine ursprünglich auf Urdu, seiner indischen Muttersprache, abgefaßten Schriften außer Acht gelassen werden. Ebenso kann hier auch auf von anderen Personen mitgeschriebenen Abschriften seiner Vorträge in Europa, der Schweiz, in Schweden z.B., in den USA, Australien usw. verzichtet werden.Diese sind nur Bruchteile, Stückwerk. Die ursprüngliche Quelle sind seine eigenen gesammelten sechs Schriften. Sie erschienen in den Jahren 1923-1929 in englischer Sprache unter verantwortlicher Mitgestaltung des Sâdhu selber.²⁸⁰

2. PREDIGTEN, VORTRÄGE, GESPRÄCHE
- Seine Sprache: Reden in Gleichnissen
(einfache Sprache) -

Gerade Heiler ist der Mann gewesen, der Sundar Singh für den deutschsprachigen Raum erschlossen hat; „Mera kam munadi karna hai".²⁸¹ „Meine Aufgabe ist die mündliche Verkündigung". „My work is to preach"²⁸² wird das Losungswort des Sâdhu. Er weiß sich berufen, Zeugnis abzulegen von der Gnade Jesu Christi, die er erfahren hat. Aufgrund seiner Gotteserfahrung legt Sâdhu Sundar Singh Zeugnis ab durch das lebendige Wort; denn Leben kann nur durch Leben mitgeteilt werden. Alle,

---

278 Eph. 2 V.5-6

279 Sâdhu Sundar Singh. Mit und ohne Christus. S. 274

280 Die engl. Titel lauten:
1. At the Master's Feet. 1923
2. Reality and Religion. Meditations on God, Man and Nature.19243. The Search after Reality. Thoughts on Hinduism, Buddhism, Muhammedanism and Christianity. 1925
4. Meditations on Various Aspects of the Spiritual Life. 1926
5. Visions of the Spiritual World. A Brief Description of the Spiritual Life, its Different States of Existence, and the Destiny of Good and Evil Men as seen in Visions. 1926
6. With and without Christ. Being Incidents taken from the Lives of Christians and Non Christians which illustrate the Difference in Lives with Christ and without Christ. 1929 Alle sechs Schriften wurden ins Deutsche übertragen, die dritte auf des Sâdhu persönliche Bitte von dem Marburger Religionshistoriker F. Heiler, der sie mit wissenschaftlichen Kommentaren versah. Von den anderen Übersetzern war keiner selbst in Indien gewesen, konnte also gewisse unsagbare Dinge nicht erfassen. 1946 wurden Sundar Singhs 'Gesammelte Schriften' von Friso Melzer wiederholt übersetzt.

281 Urdu-Worte des Sâdhu. Parker, R.: Sâdhu Sundar Singh Called of God. Madras 1924⁵

282 Parker, R.: Der Sâdhu. S. 93

die ihn gesehen haben, bezeugen, daß seine bloße Erscheinung schon als Predigt, besser gesagt als „Zeugnis" wirkt.[283] „Ihn zu hören ist nicht entscheidend, aber ihn zu *sehen!*"[284]

In seinen Reden bezeugt der Sâdhu immer wieder die Umwandlung seiner Seele vom Christushasser zum Christusjünger, den tiefen Herzensfrieden, zu dem Christus ihm verholfen hat, die Freude, die er aus dem Gebet schöpft, die göttliche Allmacht und Liebe, die ihn überall hinbegleitet. Er stellt das Christentum als objektive Wahrheit hin, die für *alle* Menschen Gültigkeit hat. Das Evangelium ist „universal und normativ."[285] Der Universalismus" des Sâdhu (die Lehre von der allumfassenden Gnade) erinnert an die berühmte „Schauung" der Mutter Juliana von Norwich „Allerlei Dinge sollen gut werden."[286]

In öffentlichen Vorträgen erzählt Sâdhu Sundar Singh nie von seinen Visionen; diese erwähnt er höchstens im Kreise verschwiegener Freunde.[287]

Seine Sprache - Reden in Gleichnissen

Seine Vorträge, Predigten und Reden weisen eine einfache, schlicht gehaltene Sprache auf. Mit Vorliebe redet er – wie Jesus – in Gleichnissen. Friso Melzer[288] untersuchte Sâdhu Sundar Singhs Sprachschatz und Gleichnis-Reden. Es liegen von ihm ca. 200 Gleichnisse vor (in seinen Schriften wurden über 140 Gleichnisse gezählt, $^1/_3$ davon allein in seiner ersten Schrift), und sein Wortschatz weist Wörter auf wie z B.: ähnlich - All - begehren - beten - bleiben - böse - Christus - eins - Erfahrung -Erlösung - Freude - Friede - Frucht - Geburt - Gegenwart - Geist - Glauben - Gott - gut - Herz - kennen - Kreuz - Leben - Leiden - Licht - Liebe - Mensch - offenbaren - Religion - schaffen - Seele - sehen - selbst - Sünde - Täuschung - verwandeln - wahr - Welt - wirklich.[289] Weitere bezeichnende Wörter und Redewendungen des Sâdhu im Widerspiel mit der Sprache des (modernen) Hinduismus sind: beten - in Christo bleiben - der Lebendige Christus - Erfahrung - Freude - Friede -Gegenwart des Herrn - Geist - Christus - in uns - Kreuz - Leben - Leiden - Licht - Liebe - Segen - Wahrheit - Welt - Wirklichkeit.[290] Zukünftige Aufgaben wären, seine Bildersprache und seine Gleichnisrede zu untersuchen wie auch seine Anspielung auf Bibelstellen. Der Sâdhu redet auch in der sinnlichen Sprache von Dingen, die über unsere sinnliche Erfahrung

---

283 s. Berichte von Missionaren u. a. Personen. Kap. 6. Abs. 4

284 Sâdhu Sundar Singh: Suchen nach Gott. S. 77

285 Heiler, F.: Sâdhu Sundar Singh. S. 89

286 Streeter, B. H.& Appasamy. A. J.: Der Sâdhu. S. 104

287 Streeter, B. H.& Appasamy A. J.: Der Sâdhu. S. 90

288 *1907, trat 1933 in die Basler Mission ein, ging 1935 nach British - Indien, wo er als Missionar und Dozent wirkte und die erste allindische evang.theol.Zeitschrift "The way of Christ/A Quarterly Journal of Biblical Theology" gründete

289 Sâdhu Sundar Singh. Gesammelte Schriften. München 1946. S. 303

290 Sâdhu Sundar Singh. Gesammelte Schriften Stuttgart 1993^{12} S. 351

der sinnlichen Sprache von Dingen, die über unsere sinnliche Erfahrung hinausgehen; deshalb sind viele seiner Bilder übersinnlich zu verstehen.[291] Er spricht z.B. von „vielen wunderbaren Dingen und Orten", „wundervollen und fröhlichen Umgebungen", „prächtigen Gärten, Vögeln von wunderbarer Färbung" usw.[292] Er versucht, unaussprechliche Dinge in die Sprache unserer Welt zu kleiden, hebt auch räumliche Vorstellungen auf, z.b.: „Im Himmel gibt es weder Osten noch Westen, weder Norden noch Süden, sondern jeder einzelnen Seele oder jedem Engel erscheint Christi Thron als die Mitte aller Dinge."[293] „Im Himmel empfindet niemand eine Entfernung, denn sobald jemand wünscht, an einen bestimmten Ort zu gehen, findet er sich sogleich dort vor." Mit „Orten", die als uneigentlich zu werten sind, meint Sâdhu Sundar Singh „Zustände."[294] Z. B. spricht er von Himmel und Hölle als von Zuständen der Seele, in denen sich diese schon zu Lebzeiten befindet.[295]

Mit anderen Worten spricht Sâdhu Sundar Singh eine mystische Sprache, die eigentlich nicht ausdrückbar ist und verwendet vielleicht deshalb so oft Gleichnisse, um sich seinen Zuhörern auf einfache Weise verständlich zu machen zu können. In seinem eigenen Vorwort 'Zu des Meisters Füßen' schreibt er selbst (am 30.Juni 1922): „Es würde mir unmöglich sein, diese Wahrheiten, die mir offenbart worden sind, weiterzugeben, wenn ich nicht in Gleichnissen (parabolic language) sprechen dürfte. Aber indem ich Gleichnisse verwende, ist meine Aufgabe verhältnismäßig leicht geworden."

B Orte der 'Evangelisation' – Christusperson der Landstraße

1. OSTEN (INDIEN, TIBET, CHINA, JAPAN)

Nach seiner Bekehrung folgen sieben Jahre der Wanderschaft mit dem Neuen Testament in der Hand in dem Gewand des Sâdhu. 1908 tritt er, 19jährig, seine erste, mehrere Monate dauernde 'Evangelisationsreise' nach Tibet an, die ihn in die Hochburg des Buddhismus, zum Dalai Lama führt. Bisher war das Christentum dort nur selten oder gar nicht gepredigt.

Seine Reisen führen ihn durch Nordindien, 1918 auch nach Südindien und Ceylon. 1918/19 besucht er Malaya, Japan und China,[296] 1920 reist er nach Australien. Besonders fühlt er sich nach Tibet hingezogen; bei seiner letzten Wanderung dorthin ist er 1929 verschollen.

---

291   s. auch Kap. 3 über Mystik

292   Sâdhu Sundar Singh. Gesammelte Schriften. Stuttgart 1933[12] S. 341

293   ebd.

294   ebd.

295   ebd.

296   s. Bilderverzeichnis

Tibet umfaßt das Gebiet zwischen dem Himâlâya, Kansa und Setschuan. Tibetische Stämme sind u.a. auch in Nepal, Sikkim und Ladakh angesiedelt, Klein-Tibet genannt, das heute zum Staat Kaschmir gehört. Zum Thema 'Missionierung' muß man sich klarmachen, daß nach Expeditionen einzelner Jesuiten und einem mehrjähriger Aufenthalt von Kapuzinern in der Hauptstadt Lhasa im 17. bzw. 18. Jh Tibet bis ins 19. Jh verschlossen blieb. Die Missionserfolge in den Grenzgebieten sind besonders wegen des straff hierarchisch organisierten Lamaismus bis heute zahlenmäßig minimal geblieben. Im allgemeinen unterscheidet man in Tibet zwei Religionen: die vorbuddhistische und bis heute lebendig gebliebene' Bon-Religion' und eine oft' Lamaismus genannte Form des Buddhismus. Der Dalai Lama, in engl.Zeitungen oft als"godking"betitelt war ja bis vor kurzem noch Herrscher Tibets. Der 5. „große" Dalai Lama befestigte und systematisierte das Inkarnationsdogma.[297] Die heutige,völlig veränderte Lage des Dalai Lama[298] jedoch seit der Eingliederung Tibets in die Chinesische Volksrepublik 1951 und die sich anschließende Vertreibung und Flucht 1959 des Tibetanischen Oberhauptes fand Sâdhu Sundar Singh seinerzeit noch nicht vor. Diese wesentlichen Veränderungen in Tibet erlebte der Sâdhu nicht mehr. Auch bis heute sind infolge der polit.Verwicklungen – seit 1945 – ein äußerer Rückgang der Missionsarbeit zu verzeichnen. Umso riskanter erscheint der kühne Versuch des Sâdhu, sich s.Z. in die Hochburg des Dalai Lama vorzuwagen – mit nichts als dem Neuen Testament in der Hand und dem Mut dessen, der sein Leben riskiert.

Noch seinerzeit war das Innere Tibets christlichen Missionaren absolut verschlossen; für Nichtasiaten die Hauptstadt Lhasa völlig unzugänglich [299] namens Kartar Singh, der, wie Sundar Singh, als wandernder Prediger das Christentum missionierte, wurde auf Geheiß des Lama lebendig in eine Yak- Haut eingenäht[300] Der 19 jährige erwählt sich, neubekehrt, dieses exponierte, gefährliche Gebiet.

Auf seiner ersten mehrere Monate dauernden Missionsreise schon kommt es zu einer Einladung bei dem Oberlama. Trotz aller Schwierigkeiten findet Sundar Singh erstaunlicherweise eine 'offenev Tür', mehr noch: Er entdeckt in einem buddhistischen Tempel anläßlich seiner Tour durch das östliche Tibet bei einer Besichtigung der Bibliothek des Lama ein Neues Testament. Auf die Frage, woher er es habe, bekommt er vom Lama zur Antwort: „Das ist ein wundervolles Buch, und wundervolle Dinge stehen darin. Wissen Sie,wer dieser Jesus Christus der Bibel ist? Er muß eine Inkarnation des Buddha gewesen sein." – „Ich glaube an ihn. Er ist mein Heiland und der Heiland der Welt", gibt ihm Sundar Singh zur Antwort. „Ich weiß nicht, ob er der Heiland der Welt ist, aber ich weiß, daß er eine Inkarnation des Buddha ist. Tibet ist das Dach der Welt und er wird wiederkommen und Tibet wird sein Thron sein; von da aus wird er

---

297   Religion in Geschichte und Gegenwart. S. 883 f.

298   der Dalai Lama hält sich heute in Dharamsala / Nordindien auf

299   Heiler, F.: Sâdhu Sundar Singh. S. 40. Ein indischer Christ zur Zeit Sundar Singhs

300   ebd.

die ganze Welt beherrschen, denn es ist das Dach der Welt. Wir harren seiner", antwortet ihm der Lama.[301]

Wiederholt aus Tibet zurückgekehrt setzt er seine Evangelisationsreisen durch den Pânjab fort, erreicht Ludhiana, besucht auch sein eigenes Dorf Rampur und verbringt einige Tage zusammen mit seinem alten Vater, der ihn nach 14 Jahren mit Ehren und großer Freude wieder aufnimmt. Inzwischen hat auch jener das Christentum angenommen und will sich von seinem Sohn taufen lassen, was dieser ablehnt mit der Begründung, er taufe nicht, taufen würdend die Missionare. Aus Freude, seinen jüngsten Sohn wiederzusehen, finanziert er diesem seine erste Reise nach Europa, die Ende 1919 geplant wird. 1920 kehrt er nach Indien zurück, um im Frühjahr 1921 erneut nach Tibet aufzubrechen.

Die Entfernung nach Tibet beträgt ~150 Meilen von Kotgarh aus, das auf dem Weg von Simla nach Sabathu liegt, von wo die Reise beginnt. ~160 Meilen von Simla aus liegt der Rotang Paß mit einer Höhe von 14.00 Fuß. Diesen sehr gefährlichen Paß kreuzte kein Reisender vor dem 15. Mai 1921. Die Paßstraße ist für sieben Monate gesperrt. Einige Meilen weiter entspringt der der Beas River, einer der fünf großen Flüsse des Pânjab. Man erzählt sich, daß dort in der Nähe der Heilige, dem die Veden offenbart wurden, mehrere Jahre in Gebet und Meditation zugebracht haben soll. Sâdhu Sundar Singh predigt in Khaksar, Sissu, Ghandal und anderen Dörfern und erreicht Kyelang, eine der drei Moravian.Missionsstationen nahe Tibet. Dort leben ~40 Ladakhi und Tibetanische Christen, 200 Meilen von Simla entfernt. Seit dem Krieg gibt es dort keinen Europäischen Missionar. Sâdhu Sundar Singh besucht im westlichen Tibet 37 Dörfer und Orte, einschließlich Chuprang, Gnanama und Rukhsak. Die Leute sind freundlich, nur einige der Lamas verhalten sich feindlich. Sâdhu Sundar Singh besucht Klöster und Höhlen, Mönche und Eremiten. Streckenweise sieht man 60 bis 70 Meilen weit kein Dorf.

Einmal wird er von einem wilden Yak angefallen. Da es keinen Baum gibt, kann er sich glücklicherweise auf einen Felsbrocken retten. Mit einem wundervollen Frieden im Herzen zieht er weiter. Er trifft Zigeuner, die jedoch unberechenbarer sind als die wilden Tiere. Sie mengen Butte und Salz in den Tee anstatt Zucker und Milch. Unter Gebeten kann die Reise fortgesetzt werden.

Sâdhu Sundar Singh unternimmt Missionsreisen sowohl nach dem Osten als auch nach dem Westen;deshalb nennt ihn Heiler 'Apostel des Ostens und Westens'. 'Osten meint nicht lediglich den geographischen oder heutzutage üblichen politischen Begriff. Damit ist noch etwas anderes gemeint.[302]

Der erste Versuch, ins Gelobte, Heilige Land zu kommen, endet 1920 in Bombay. Nach seiner Tibetreise verbringt er den Winter 1921 mit Evangelisation im Pânjab und

---

301   Heiler, F.: Sâdhu Sundar Singh. S. 41

302   vgl. Bürkle, H.: Vorwort zu seiner Habil. Schrift, Dialog mit dem Osten, Stuttgart 1965

den Vereinigten Provinzen. Vor der Abreise nach Palästina hat er die Gelegenheit, sich mit Mâhâtma Gândhi zu treffen; dieses Treffen ist nicht von politischer Bedeutung.[303]

2. WESTEN (EUROPA, USA, PALÄSTINA, AUSTRALIEN)

Der Sâdhu verläßt Bombay mit der 'City of Cairo' am 16.1.1920 und erreicht Liverpool am 10. Februar. Bis zum Herbst bereist er England, Amerika, Australien.

Die Gründe für Sundar Singh, nach dem Westen zu gehen, sind gewichtige.one night while praying I had a call to preach in England".[304] Neben dem Ruf Seines Herrn, der ihn beauftragt, in den sogenannten christlichen Ländern Zeugnis für Ihn abzulegen, wünscht er selbst die Richtigkeit der Behauptung von Indern nachzuprüfen, die unterstellen, das westliche Christentum habe seine Glaubwürdigkeit verloren. Auch sei Indien die spirituelle Mutter der halben Menschheit, und die westliche Welt erwarte Indiens Beitrag. 1920 begibt er sich nach England. Vor seiner Abreise bezeugt er bei einem Abschiedstreffen in Bombay, dass er nicht nur Christus kenne, sondern dass er ihn *gesehen* habe, und das sagt Sundar Singh, ein Mann des 20.Jahrhunderts [305]Von Liverpool aus über Manchester, ist er für einige Tage zu Gast in Birmingham beim Leiter des Missionsseminars der Quäker von Selly Oak. Von dort führt ihn seine Reise nach Oxford und London, wo er in beiden Städten bei den 'Cowley Fathers' bleibt. Die'Cowley Fathers' in Poona hatten sich mit einem Empfehlungsschreiben an den 'Father Superieur' in Oxford gewandt, wo er in der Church of St.John the Evangelist und in verschiedenen Colleges predigt. In der Metropole London, als Gast von Mr.Barber, hält er seine erste Predigt in der Blackheath Congregational Church, weitere in verschiedenen anderen anglikanischen Kirchen, wie z.B.at St. Matthew's Church, Westminster and St.Bride's Church. Er füllt einige Veranstaltungen des Y.M.C.A. Nach einer Unterredung mit dem Erzbischof von Canterbury, spricht in the Church House,Westminster,vor 700 Geistlichen einschließlich dem Erzbischof von Canterbury und sechs weiteren Bichöfen. Am 1.4.verkündet er von der Kanzel in Westminster bei den Congretionalisten, den nächsten Tag spricht er vor'Christian Endeavourers' [Baptisten] im Metropolitan Tabernacle,des weiteren im Trinity College in Cambridge. Anschliessend setzt der Sâdhu über nach Irland zu einer Konferenz und einigen anderen Treffen, nach Schottland, wo er in Edinburgh und Glasgow in führenden Kirchen der Presbyterianer predigt. Im Mai, wieder in London, spricht er vor überfüllten Versammlungen,z.B.in der Albert Hall vor 10.000 Leuten; in der Queens Hall der Londoner Missionsgesellschaft konnten mehrere hundert Personen nicht zugelassen werden. Die für den Sâdhu interessantesten Treffen waren diejenigen mit der'British and Foreign Bible Society'.[306]. Nach drei anstrengenden Monaten in England verläßt Sundar Singh Großbritannien, um nach den USA zu reisen. Ende Mai 1920 befindet sich der

---

303 Über die Zusammenkunft beider existiert eine Schrift, die nicht rechechiert werden konnte; s. jedoch Gândhis Aussage darüber in einem Brief an Heiler und engl. Text im Appendix

304 Parker, R.: Sâdhu Sundar Singh S. 85 und S. 102

305 Parker, R.: Sâdhu Sundar Singh. S. 84.: 'Now not only know about Christ; I have *seen* Him'

306 Parker, R.: Sâdhu Sundar Singh. S. 89

Sâdhu im' Union Theological Seminary'in N.Y. Es folgen Engagements in Hartford, Baltimore, Pittston, Princeton University[307], Brank Presbyterian Church, N.Y.; the Marble Collegiate Church, Brooklyn; Philadelphia, Boston u. a. Vor der' Silver Bay Students'Conference, spricht Sundar Singh vier Tage vor 800 Studenten und deren Professoren. Während seines USA-Aufenthaltes trifft er sich mit führenden theologischen Persönlichkeiten, trifft sich auch mit Mrs.Stokes, der Mutter seines Sâdhu-Freundes aus früherer Zeit. Wie in England macht er auch in den Vereinigten Staaten 'Karriere', verläßt die USA am 30.7.in Richtung Australien. Der Dampfer bringt ihn für einen Tag nach Honolulu, wo sich etwa 400 Hawaiianer, Chinesen, Philippinos, Japaner, Engländer und Amerikaner versammeln, um ihn zu hören. Am 10.8.landet er für eine Woche in Sydney. Bis zu seinem 31.Geburtstag bleibt er in Adelaide. Sogar der anglikanische Bischof Langley nimmt einen Stuhl, um in Melbourne bei einem Treffen in der Congregational Chapel Platz zu nehmen. Leute aller Nationalitäten vergessen ihre Unterschiede, um ihn willkommen zu heissen. Die Meetings in der Kathedrale und Victoria Hall von Perth, der der Erzbischof von Perth vorsteht, dehnen sich aus. Kein Gebäude reicht aus, um die Unmengen von Zuhörern aufzunehmen. Von Sundar Singhs Versammlungen wird sogar behauptet, dass mehrere Dolmetscher notwendig gewesen seien, um sich über die Zuhörer hinweg gegenseitig zu verständigen. Am 25.September landet der Sâdhu in Bombay. Einen wiederholenden Aufenthalt von 1918 in Ceylon sagt er ab, dafür verlängert er seinen Aufenthalt in Bombay, um unmittelbar darauf nach Sabathu zurückzukehren zu einer Zeit der Ruhe und Meditation. Bevor er zu seiner Winterreise aufbricht, schreibt er mehr als 200 Briefe.Den Rest des Jahres verbringt er mit Evangelisationsarbeit in Städten und Dörfern der Vereinigten Provinzen, Chota Nagpur, Bengalen und dem Pânjab.[308]

Das Jahr 1921 bringt den Sâdhu ins Gelobte Land, nach Palästina, seinem lange ersehnten Ziel. Er predigt in der Kathedrale zu Jerusalem. Über das Weltwunder der Pyramiden von Gizeh und Marseille erreicht er die Schweiz im Febr.1922. Nach Unmengen von Zuhörern, etwa 3.000, endet das Schweizer Programm Ende März 1922. Es folgen Wittenberg, Halle, Leipzig, Hamburg, Berlin, Kiel in Deutschland.

In Schweden trifft er sich mit dem Bischof von Kopenhagen, bevor er dem Erzbischof von Uppsala, Nathan Söderblom, begegnet, dessen Gast er ist, und der ihm in der Aula der Universität (dort spricht er über den Hinduismus) und in der Kathedrale ('domkyrka')(im Dom spricht er am 23.2.1922 über das Gebet) dolmetscht.

Der Bruder des schwedischen Königs beherbergt Sundar Singh in Stockholm. Er hält den Prinzen für einen spirituellen Mann, „but I am always living with the Prince of Peace", gibt er diesem zur Antwort. Wie bereits in Genf und in der Schweiz füllen auch in Stockholm Schlangen wartender Menschen selbst bei schlechtem Wetter die Straßen. Gefolgt von den skandinavischen Ländern Norwegen und Dänemark wo er ein open-air meeting bestreitet mit 15.000 Menschen, erreicht er Holland. Nach drei Monaten Europa tritt Sundar Singh, völlig erschöpft von der andauernden fremden

---

307   wo seiner.Zeit .Albert Einstein war

308.   Parker, R.: Sâdhu Sundar Singh. S. 82-94

Atmosphäre, die Heimreise nach Indien an. Er ist nach Europa, dem Westen gekommen, um denselben nie wieder betreten zu müssen:

„Ich dachte früher, daß die Bewohner dieser Länder alle wunderbare Leute seien; da ich die Liebe Gottes in ihren Herzen sah und erfuhr, was sie für uns tun, dachte ich: sie müssen lebendige Christen sein. Als ich aber diese Länder bereiste, änderte ich meine Meinung."[309]

---

309   Heiler, F.: Sâdhu Sundar Singh. S. 58

Kapitel V Sein Indisches Verständnis vom Christentum

A Sundar Singhs Religionsphilosophie in seinem Suchen nach der Gotteswirklichkeit -

Bekenntnis zur Indischen Religion und Kultur

Zum Verständnis dieser Arbeit ist eine Untersuchung der Religionsphilsophie des Sâdhu vonnöten, die im Folgenden dargestellt werden soll.[310]

1. ÜBER RELIGION UND GÖTTLICHE WIRKLICHKEIT SCHREIBT SÂDHU SUNDAR SINGH SINNGEMÄß[311]

1. *Religion* ist für ihn ein natürliches und universelles Verlangen der Natur des Menschen nach der Erkenntnis einer übernatürlichen Macht. Ziel und Gegenstand der Religion sieht er darin, daß wir den Geboten des Schöpfers, des Herrn und Erhalters des Weltalls gehorchen, ihm unsere Verehrung entgegenbringen und uns seiner Gemeinschaft erfreuen. Der ewige, allmächtige, allgegenwärtige Gott ist die erste Ursache [*prima causa*] aller sichtbaren und unsichtbaren Dinge. Sie ist Wirklichkeit.

Die Menschen der Urzeit kannten keine geistigen Bedürfnisse, sondern gaben nur ihren leiblichen nach. Anstelle des Schöpfers verehrten sie seine geschaffenen Dinge, die Elemente, in Form von Idolen. Die Israeliten hält Sundar Singh für das einzige Volk, das Kenntnis hatte von dem einen, wahren, lebendigen Gott.[312]

Die späteren Menschen fertigten sich Götzenbilder und betrieben Ahnenkult. Ihre wachsende geistige Natur zwang sie, ein geistiges Wesen in der diesseitigen und für die jenseitige Welt zu suchen. Sundar Singh spricht von einer Gottesoffenbarung, die ihren eigenen Nöten und Fähigkeiten entsprach: Zu den Vätern sprach Gott durch die Propheten; zuletzt hat er durch seinen Sohn geredet.

Der unterschiedliche Werkzeuggebrauch ist vergleichbar dem gleichgebliebenem Kampf zwischen Gut und Böse und den sinnlichen Bedürfnissen von Hunger, Durst usw., was nicht bedeutet, daß wir ihre Art von Götzendienst übernehmen müßten. Mögen sich die Kulturformen dem jeweiligen Entwicklungsstand des

---

310 Sâdhu Sundar Singh. Das Suchen nach Gott. Vorwort: Sundar Singh, von der 1924 unternommenen Tibetreise enttäuscht nach Subathu zurückgekehrt, bittet den Marburger Religionshistoriker F. Heiler, seine neue Schrift über die Gotteswirklichkeit in den vier großen Religionen, an der er gerade arbeite, vom Engl. ins Dt. zu übersetzen. Die ursprüngliche Niederschrift hat Sundar Singh, wie alle seine Schriften, in der Urdu- oder Hindustanisprache abgefasst. Indische Termini gibt F. Heiler in der Sanskritsprache wieder

311 Sâdhu Sundar Singh. Das Suchen nach der Wirklichkeit. S. 9-19

312 Urdu- Worte des Sâdhu. Parker, R. J.: Sâdhu Sundar Singh. Called of God. Madras 1924[5]

Menschen angepaßt haben: Wahrheit und Wirklichkeit sind keinem Wechsel unterworfen. Die göttliche Wirklichkeit selbst bleibt gleich, unwandelbar.

2. *„Similia similibus cognoscuntur"* {'Ein Mensch versteht nur das, was mit etwas in ihm schon Vorhandenem verwandt ist'} [313]

Die göttliche Wirklichkeit ist nicht aufgrund der verschiedenartigen Erkenntnis, Erfahrung und unterschiedlichen Glaubens beschreibbar. In der Grundidee der Wirklichkeit, die die Menschen bestimmen wollen, sieht Sundar Singh keinen Unterschied. {„Das Licht der Welt erleuchtet einen jeden, der in diese Welt kommt"} [314]

Durch schrittweise Annäherung an ein Ding nimmt die Erkenntnis der wirklichen Beschaffenheit zu. Das Ding an sich ändert sich nicht. Schritt für Schritt werden wir uns Gott nähern, in unserer geistigen Erkenntnis wachsen. {„Wir werden ihn sehen, wie er ist"} [315]

Der Mensch, der alles Übersinnliche nicht beachtet, kennt seine eigenen Tiefen und Fähigkeiten nicht, vergleichbar einem Apfelkern, der den ganzen Baum noch nicht sichtbar macht. Öffnen wir uns der Gemeinschaft mit Gott, so können wir den gottgewollten Zustand in seiner Vollendung erreichen.

So wie Bäume kein unbegrenztes Wachstum haben, so sind unser Verstand, unsere Gedanken, unsere Weisheit begrenzt. In der künftigen Welt gelangt die Seele zu ihrer vollendeten Entfaltung durch die Anziehungskraft der Liebe.

Durch die subjektive Färbung der Erfahrung können einzelne Menschen zu ähnlichen Denkakten kommen. Sie können aber auch zu verschiedenen Schlüssen gelangen, je nach dem Tiefgang ihrer geistigen Erfahrung und ihres Erkenntnisvermögens. Die Wirklichkeit bleibt eine und dieselbe.

3. Die Sinne als Medium zwischen der Seele und den äußeren Dingen

Sinne und Wahrnehmungen sind nichts Selbständiges. Süßigkeit und Bitterkeit in den Dingen sind nicht gleich den süßen und bitteren Dingen an sich. Ebenso sind die Wahrnehmungen der Sinne nicht in den Sinnen selbst zu suchen. Sundar Singh sieht in dem Menschen keinen aus eigener Kraft ablaufenden Mechanismus. Vorstellungen und Werkzeug seien nur Werkzeug der menschlichen Seele.

---

313 Sâdhu Sundar Singh. Das Suchen nach Gott. S. 11. Vgl. auch Gregor von Nyssa (332-394), der in platonischem Geist in der Gottebenbildlichkeit und Gottverwandtschaft des Menschen den Grund zur Fähigkeit der Gotteserkenntnis erblickt: "denn nur Ähnliches kann Ähnliches schauen" (τω ομοιω βλεπειν το ομοιον) De infant. Mi PG 46, 176 A. Heiler, F.: Die Ostkirchen. München / Basel 1971. S. 281 Gregor von Nyssa war nicht nur durch die Schule Platons, Plotins und Philos gegangen, sondern "durch den Zauber des neuplatonischen Lebensideals einer unmittelbaren Gottesanschauung fortgerissen worden"; ebd. S. 280

314 Joh. 1 V. 9; 8 V. 12

315 1. Kor. 13 V.12; 1. Joh. 3 V. 2

Erkenntniskraft und Fähigkeit des Menschen sind unabhängig von der Größe des Gehirns (Beispiel Biene, Ameise) Die Erkenntnis, daß derselbe Schöpfer der Biene und des Menschen diesen nach seinem Bild und Gleichnis geschaffen habe, kann zu Harmonie führen.

Wir können nie die Gesamtheit unseres inneren Bewußtseins erklären, obgleich wir mehr wissen als wir gerade aussprechen können. Durch unsere unterschiedliche Fähigkeit, verborgene Dinge zu erkennen, haben wir einen Beweis für eine Widerspiegelung unserer Seele in unserem inneren Sein (Sein = geistige Existenz).

Der Mensch hat, wie die Ameise, eine lückenhafte Erkenntnis höherer geistiger Wesen. Allein der Schöpfer aller Dinge besitzt die vollkommene und lückenlose Erkenntnis.

4. Die 'prima causa' und seine Schöpfung

Es muß ein allmächtiges, allwissendes Wesen geben, das den Raum als Ausdruck des Ewigen und Unendlichen schuf und mit sichtbaren und unsichtbaren Dingen füllte. Umgekehrt ist denkbar, daß der Stoff durch einen selbständigen Akt ins Dasein kam. Sâdhu Sundar Singh sieht in der Ordnung im Universum einen Gottesbeweis.

Sundar Singh bezweifelt das Vorhandensein von Ewigem außer in Gott selbst. Wenn die Frage nach einem unendlichen Bestehen des Universums aufgeworfen wird, muß auch die Frage nach seiner Erschaffung in den Raum gestellt werden. Bevor das Universum evident wurde, existierte es in der Erkenntnis Gottes. Nehmen wir es als ewig an, dann kann Gott nicht sein Schöpfer sein, ergo nicht allmächtig und auch nicht Gott. Eine solche Begrenzung hält Sundar Singh für unvereinbar mit seinem Wesen und seine Eigenschaften. Objektivität (Außenwelt) und Subjektivität (Erkenntnis) fallen bei Sundar Singhs Gottesbegriff zusammen. Wie für die Pantheisten ist das Universum nicht mit Gott zu vermischen, sondern muß von ihm getrennt werden, obwohl es von ihm geschaffen ist {„in ihm leben, weben und sind wir"}.

Wörtliches Zitat: „Und der Geist Gottes {[...]der über den Wassern brütete [316]} brütet noch jetzt über menschlichen Seelen in dem grenzenlosen Ozean des Raumes."[317]

Der Dualismus von heilsamen und bitteren Dingen in dieser Welt ist durch den freien Willen des Menschen bedingt, der zu erhöhter Wachsamkeit gegen das Böse und heilbringender Umkehr aufgefordert ist, da unmöglich etwas dem göttlichen Wesen Entgegengesetztes vorherrschen kann.

Der Mensch übersieht in seiner Kurzsichtigkeit, den Schöpfer zu preisen und begnügt sich mit der Nutznießung der Naturschönheiten.

---

316   Gen. 1 V.2

317   ebd. S. 16

Als 'imago dei' bestünde seine Aufgabe darin, sein wahres Wesen und somit Gott zu erkennen. Für den Menschen ist ein tieferer Fall als für das Tier möglich, wenn er Gott nicht erkennt.

5. Aus all dem resultiert die Notwendigkeit der Religion.

Sundar Singh vergleicht den Zustand der geistigen Not des Menschen mit der Oberfläche des Wassers, in der wir unser Gesicht nicht sehen können, wenn die Wellen darübergehen. Erst der zur Ruhe gekommene, der meditierende Mensch kann sich Gott ergeben.

Gleich der Magnetnadel reagiert die menschliche Natur auf die Anziehungskraft Gottes.

Gotteserkenntnis kennt keine Furcht.

Alt ist das tiefe, menschliche Sehnen nach Gott.

Sundar Singh, der auf Senecas Ausspruch: „Kein wirklich großer Mann war ohne Gott"[318] verweist, fragt nach der Universalität der großen Religionen, um die menschlichen Bedürfnisse abzudecken und der Einzelseele Frieden zu bescheren in ihrem Gefühl von der Trennung von Gott, unter der sie leidet.

2. SÂDHU SUNDAR SINGH ÜBER DEN HINDUISMUS[319]

a) Die Wortbedeutung

Um nicht Eulen nach Athen zu tragen bzw. heilige Kühe nach Indien, sei angemerkt, daß wir nicht wissen, woher die Bedeutung des Wortes 'Hindu' kommt. Es finde sich in keinem der Vedâ oder Sâstra und seine eigentliche Bedeutung sei unbekannt. Ob die arischen Einwanderer in der Nähe des Sindh-Flusses 'Sindhu' genannt wurden und man 'Sindhu' zu 'Hindhu' verschliffen habe?

b) Kennzeichen des Hinduismus

Bezeichnend für den Hinduismus ist die Tatsache, daß diese Religion keinen Stifter hat und man durch Geburt von Hindu-Eltern die Zugehörigkeit zu dieser Religion erwirbt. Der Hinduismus ist gekennzeichnet durch widersprechende Lehrsysteme, von denen der Hindu eines annehmen müsse. Auf jeden Fall muß der Hindu den Vedânta anerkennen. „Es gibt keine Dogmen im Hinduismus. Man kann an jede beliebige Lehre glauben, auch an den Atheismus, ohne aufzuhören, Hindu zu sein. Als Hindu muß man in der Theorie die Veden als geoffenbarte Religion annehmen, aber man kann die vedischen Texte nach eigenem Belieben auslegen. Dies ermöglicht einen Ausweg aus der Knechtschaft des Dogmatismus."[320]

---

318 ebd. S. 18

319 ebd. S. 20-31

320 ebd. S. 20

c) Der Begriff 'bhakti'

Viele Hindu-Lehrer waren 'bhakta'[321] die Gottergebenen, auf Gott Vertrauenden, Gott Liebenden; 'bhakti', von dem Nathan Söderblom sagt, es sei ein rein indischer Terminus und von keiner christlichen Religion abgeleitet, bedeutet wörtlich 'Genuß', 'Liebesgenuß', weiterhin Liebe, Anhänglichkeit, Ergebenheit dem Sinne nach. Es sei nicht anzunehmen, daß die Lehre von der Erlösung durch bakhti christlichen Ursprungs ist.[322] „Wir haben es hier mit einer autochthonen, einheimischen, genuinen Schöpfung des Hinduismus und Buddhismus zu tun."[323] Der religiöse Begriff 'bhakti' (devotion) in der indischen Sprache meint das persönliche Verhältnis der Seele zum persönlichen Heilandgott; es bedeutet gleichzeitig Glauben, Vertrauen, Hingabe im Sinne der christlichen Termini 'fides, fiducia, amor, devotio'. *Bhakti-marga* ist nach *karma-* und *jñana-marga*[324] der 3.große Heilsweg, den die indischen Religionen lehren[325]

d) Sâdhu / Sannyâsî

Die ihr Leben in Meditation zubringenden Sâdhu bzw.Sannyâsî unterscheidet Sundar Singh beide folgendermaßen:

Der Sâdhu ist kein Anhänger des orthodoxen Brâhmanismus, er gehört einer visnuitischen bzw.sivaitischen Sekte an. Auch lebt er nicht" so hart asketisch und streng zurückgezogen wie der Sannyâsî, sondern sucht religiöse Feste und Pilgerorte auf. Gemeinsam ist beiden das Tragen des gelben Mönchsgewandes, das entsagende ehelose Leben in Armut. Das Wort Sâdhu bedeutet frommer Mann. Der Sannyâsî unterwirft sich strengerer Askese.[326].

---

321 Sâdhu Sundar Singh. Suche nach der Wirklichkeit. S.71[11 und 16]

322 vgl. Söderblom,N.: Der lebendige Gott. S. 158

323 ebd.

324 ebd. S. 27

325 s. auch Otto, R.: Einführung in die Bhakti - Frömmigkeit; vgl. Tiele - Söderblom, Kompendium der Religionsgeschichte, Berlin 1920[5]. S. 277 ff., in dem Söderblom behauptet, dass eigentlich durch bhakti die Bhagavadgîta in der Religionsentwicklung Indiens Epoche gemacht habe. Es sei der Affekt der Liebe selbst, der erlöse. Der 'Hohe', der Gegenstand der bhakti, sei dort Krsna selbst, eins mit dem allumfassenden Wesen der Gottheit, die gottmenschliche Idealgestalt schlechthin.

326 Sâdhu Sundar Singh. Das Suchen nach der Wirklichkeit. S. 71

3. SÂDHU SUNDAR SINGH ÜBER DEN VEDÂNTA[327]

1. Vedânta (= Ende[*ânta*]der Veden[328]) bedeutet das Ende von Wissen, dem die Lehre der Upanishaden zugrunde liegt, die die Philosophie der Veden kommentieren. Die tatsächliche Lehre der Vedânta bilden die Darsâna, die Bhagavadgîtâ und andere Sâstra. Außer Brâhma bzw.Gott sei alles Täuschung [*mâyâ*], besagt die Hauptlehre des Vedânta. Wenn allerdings Mâyâ mehr Macht besäße als Brâhma selbst, dann müßten die Yogi und Brâhma selbst auch eine Täuschung sein, und sich in Yoga oder Bhakti zu üben, d.h. durch Meditation Erleuchtung zu erlangen, wäre zwecklos. Jedoch besteht die Welt wirklich, ist keine Täuschung. Die Schöpfung ist nicht gleich Gott, noch ist sie getrennt von ihm. Seine Leben gewährende Gegenwart ist wirksam in allen Lebewesen.

2. Die Lehre der Vedânta-Philosophie besagt: Vergleichbar dem Schnee,der, wenn er schmilzt, zu Wasser wird und in sein Element zurückkehrt, so kehren die Menschen, haben sie Erkenntnis gewonnen, in den Ozean ihrer Herkunft zurück, gehen ihrer individuellen Existenz verlustig, vereinen sich mit dem Brâhma. Bei Annahme dieser Lehre muß es zugegebenermaßen noch eine andere Kraft außer Brâhma geben. Wenn Mâyâ diese schöpferische Kraft wäre, dann könnte man den Menschen nicht für seine Sünde verantwortlich machen, und die ganze Verantwortung für den Zustand des Menschen beruhe auf Brâhma, der den Menschen wie die Unwissenheit [*avidya*] geschaffen habe, die die Ursache von Sünde sei. „Es ist eine Sünde, den Menschen einen Sünder zu nennen", so äußert sich Svâmi Vivekanânda in Chicago anläßlich des Weltkongresses der Religionen. Damit wäre die Karmalehre der Vedâ und Sâstra aufgehoben, und das Gute des Menschen könnte nicht vom Bösen unterschieden werden.[329]

3. „Wenn die Erkenntnis [*jñana*] wie die guten Werke [*karma*] und die Gottesliebe [*bhakti*] notwendig sind für die Erlösung [*moksa*], was für einen Wert", fragt Sâdhu Sundar Singh,"hat diese dann noch, wenn wir in dem Augenblicke, da wir sie erlangen, uns im universellen Sein und unsere Seelen [*âtman*] in der universellen Seele [*parâtman*] verlieren? Dann haben wir Vernichtung an Stelle von Erlösung. Und wenn wir selbst von Brâhma verschlungen werden, dann geht auch unsere Erkenntnis [*jñana*] verloren. In dieser Hinsicht bleibt die „Erkenntnis"

---

327 ebd. S. 21-25

328 'ânta' bedeutet auch "der tiefere Sinn" und damit nicht nur "das Ende der Vedas", sondern auch "Kernstück der Vedas". Die unter dem Namen 'Vedânta' bekannt gewordene Philosophie fußt auf den Upanishads und ist unter allen philosophischen Lehren im heutigen Indien die populärste; s. Bhagavadgîtâ. S. 85

329 Narendra Nath Datta, *1862, wurde als 20 jähriger Schüler des Brâhmanen Râmakrsna (1834-1886), legte nach dem Tode seines Meisters das gelbe "'Sannyâsî - Gewand an und vertauschte seinen ursprünglichen Namen mit dem Namen Vivekanânda. Auf dem "Weltparlament der Religionen" 1893 in Chicago verfocht er mit großem Erfolg den Hinduismus. In Indien gründete er die "Ramakrsna-Mission" zur Belebung der Vedânta-Lehre

nicht Erkenntnis, sondern wird schließlich Unwissenheit [avidya] und Auflösung. Solange wir im Zustande der „Unwissenheit" [avidya] waren, hatten wir noch eine gewisse Kenntnis von uns selbst, aber sobald wir die Erlösung durch „Erkenntnis" erlangt haben, besitzen wir keinen Teil mehr selbst an dem Wenigen, was wir vor der Auflösung im Brâhma hatten."[330]

Da man den Baum an seinen Früchten erkenne, und das indische Volk, trotz dieser Lehre, durch die Jh.e in einem erschreckenden Zustand der Unwissenheit geblieben sei, solle das die Frucht dieser Erkenntnis [jñana] sein? Wenn diese [jñana] nicht für alle da sei, sondern nur wenigen (den Weisen und Yogi) vorbehalten, sei sie nicht universell, ergo nicht wahr; denn die Wahrheit sei für alle da.

4. Täuschung und Verwechslung finden gewöhnlich in der Dunkelheit statt. Täuschungen können nur mit denkbaren Dingen stattfinden (z.B.Seil/Schlange); „denn ein Ding, das nicht existiert, Täuschung und Verwechslung finden gewöhnlich in der ist undenkbar."[331] Die geschaffenen Dinge um uns herum sind kein Traum oder Illusion, sondern Wirklichkeit, also reell.

5. Das Sankaracarya-Dogma,[332] das Mâyâ als schöpferische Kraft des Brâhma annimmt,[333] besage weiter, die Welt sei periodisch geschaffen, von Brâhma wieder verschlungen, was besage, daß die von Brâhma geschaffenen Lebewesen unwissend und leidend geschaffen wurden. Leid und Unwissenheit als Spiel des Unendlichen seien absolut konträr unseren Vorstellungen von einem gerechten Gott.

6. Der Vedânta lehre: „Alles, was ist, ist nichts als Brâhman".[334] Da demnach auch grausame und selbstsüchtige Menschen gleich Brâhman wären, wäre dies ein Widerspruch zum sittlichen Gebot der Nächstenliebe. So wie das Salzigsein des Salzes nicht für das Salz selbst sinnvoll wäre oder Liebe des Liebenden nicht für ihn selbst, sondern für den anderen, so sei die Sehnsucht nach Gott Ziel des Menschen, seine Seele zu befriedigen.Der Einfluß des Christentums auf das neuzeitliche Denken Indiens sei unübersehbar.

7. Es wäre verfehlt, die Kritik des Sâdhu am Vedânta ausschließlich auf christliche Einflüsse zurückzuführen. Sie berührt sich zuweilen mit der Kritik, die schon Râmajuna[335] an ihm übte, der die Mâyâ-Lehre leugnet und behauptet, die Schöpfung sei real wie Gott selbst. Die Anschauung dieser Sekte müsse berücksichtigt werden, sonst könne die strenge Vedânta-Philosophie nicht bestehen: Wenn „Erkenntnis" [jñana] erreicht sei, verschwinde die Täuschung oder Illusion [mâyâ]. Wenn dem so sei, dann bringe Vedânta, der das Ende [ânta] aller Erkenntnis be-

---

330 Sâdhu Sundar Singh.: Das Suchen nach der Wirklichkeit. S. 22 ff.

331 ebd. S. 23

332 s. Anm. 20; ebd. S. 22

333 s. Abs. 2

334 ebd. S. 24

335 s. S.72. Anm. 19

deute, tatsächlich alle Erkenntnis zu einem Ende. Es sei eine Seifenblase, zu erwarten, daß man durch die vedântische Lehre zu einer wahren Erkenntnis des Schöpfers als auch seiner Schöpfung gelange.

a) Sâdhu Sundar Singh über Seelenwanderung und Erlösung[336]

1. Was das Fortleben der Seele nach dem Tod betrifft, so gibt es Theorien, wie bekannt, bei Plato, den Ägyptern, den Indern, die, nach Sundar Singh, nur in Einzelheiten voneinander abweichen. Hinsichtlich der unzähligen Wiedergeburten, die der Hinduismus lehrt, würde der Gordische Knoten nicht gelöst. Schließlich müßte derjenige, der ein miserables und bedauernswertes Leben führen muß, z.B. der Blinde, der vom Aussatz Befallene, der durch einen Hirntumor oder durch Hirnschlag Geschädigte oder der dem Suizid Verfallene, um der Gerechtigkeit willen in Kenntnis gesetzt werden für die Sünden, die in seinem vorausgegangenen Leben begangen wurden. Wie sollte er den Zweck dieser Strafe sonst verstehen können, ohne sein beklagenswertes Leben zu mißbilligen oder Gott dafür zu tadeln? Wie soll er das Gleichgewichtsverhältnis seiner vergangenen guten oder bösen Taten begreifen, ohne *karma* als blinde Willkür zu bezeichnen?

2. Sundar Singh hält die Seele des Menschen nicht für ewig, obwohl die Mehrzahl der Inder seiner Ansicht nach Gott, Seele und auch Materie für ewig erachten. Die Nyâya-Philosophie[337] widerlegt die Unsterblichkeit der Seele, die zwar im Hinblick auf die unendliche Zeit und Erkenntnis unendlich, wie Gott, sein müßte, aber aufgrund ihrer menschlichen Eigenschaften endlich in der Zeit ist. Da sie unfähig ist, Befreiung von der Seelenwanderung oder Täuschung zu erlangen, bleibt sie ewig unerlöst.

3. Das unterschiedliche Schicksal der Seele, sei es durch den Weg der Werke *{karma-marga}*, der Hingabe *{bhakti-marga}* oder der Erkenntnis *{jñana-marga}* definiert, ende ohnehin jedesmal in irgendeiner Form der Wiedergeburt. Auch die höchste Form, das Aufgehen im universellen Geist, bewahre sie nicht vor diesem Schicksal.

4. Erlösung bedeutet Befreiung *{moksa}* von Geburt, Tod und vom Kreislauf der Wiedergeburt durch das Aufgehen im Brâhma. „Die Hinduphilosophie beginnt mit der Erkenntnis des menschlichen Leides, führt vergeblich zur Frage nach einer Selbsterlösung und kommt schließlich zur Verneinung als dem Ziel, wo das menschliche Elend im reinen Erlöschen des Lebens endet."[338]

---

336 ebd. S. 25-29

337 ebd. S. 26

338 ebd. S. 29

b) Sâdhu Sundar Singh über die Bhagavadgîtâ und Krsna[339]

1. Gândhi sagt in der einleitenden Geschichte der Gîtâ,[340] die Gîtâ, sei ihm nicht nur Bibel oder Korân, viel mehr noch – „sie ist meine Mutter!...Die Gîtâ ist die Mutter für alle!"[341] Mâhâtma Gândhi verlagert die Gîtâ ins Innere des menschlichen Herzens als Kampf zwischen den Mächten des Bösen und des Guten – eine Ansicht, die nicht alle Inder teilen.[342] In dem großen Epos stehen sich die Söhne zweier Brüder namens Pandu und Dhritaraschtra gegenüber, die um ihr Land würfeln. Da jedoch die Würfel gefälscht wurden, kommt es zur Auseinandersetzung in der großen Schlacht von Kurukschetra, einem historischen Ort in der Nähe des heutigen Delhi. Arjuna weigert sich, ihnen gegenübergestellt, gegen seine eigenen Verwandten und Freunde zu kämpfen. Krsna, König eines kleineren Reiches, jedoch von den Personen des Mahabharâtâ als Inkarnation Gottes angesehen und verehrt und gleichzeitig Wagenlenker Arjunas, dem heldenhaftesten Prinzen unter den streitenden Brüdern, überredet Arjuna zum Kampf mit den Worten: „Gräme dich nicht; deine Seele stirbt nie, noch kann sie getötet werden, noch auch verbrannt!"[343] Der Inhalt der Gîtâ, die ein Gespräch zwischen Krsna und Arjuna zu Beginn des Kampfes ist,soll die Nutzlosigkeit des Krieges zeigen.

2. Sundar Singh unterscheidet deutlich zwischen Krsna und Christus,die einige als eine und dieselbe Person sehen wollen. Krsna ermutigt Arjuna zum Kämpfen und Töten, aber Christus lehrt seine Jünger: „Liebet eure Feinde und betet für die, die euch verfolgen"[344]

3. Krsna sagt; „Die Guten zu retten und die Sünder zu vernichten, werde ich geboren in jedem Zeitalter"[345].

    Jesus hingegen kommt, die Sünder zu retten.[346] Wozu die Guten retten? Ihre Erlösung ist doch durch das Karma gesichert! Krsna als Erlöser kommt für Sundar Singh nicht in Frage.

4. Die Gîtâ weist Versöhnungsversuche zwischen verschiedenen philosophischen Systemen [*Sankhya, Yoga* und *Vedânta*] mit der Lehre von Bhakti [Hingabe] auf,

---

339   ebd. S. 29-31

340   dem seit dem 9. Jh volkstümlichsten Buch Indiens für alle, die ernsthaft nach der Wahrheit suchen, Teil des großen Mahabharâtâ - Epos

341   Bhagavadgîtâ. S. 9

342   Bhagavadgîtâ. S. 93f.

343   ebd. S. 19

344   Mt. 5 V.44

345   Gîtâ 4,8

346   Mt. 9 V.13; Luk. 19 V.10

ebenso auch Anklänge an das Joh.Ev. „Ihr in mir und ich in euch."[347] Sundar Singh kritisiert an der Gîtâ, daß die allerhöchste Ehre unter den Asketen den Yogi erwiesen werde anstelle von Gott, dem sie gebühre.

5. Auf die Frage von Europäern, wie es denn käme, daß sich der Hinduismus durch die Jahrhunderte hindurch in Indien gehalten habe, ohne die Nöte der Bevölkerung zu beheben, nennt Sundar Singh zwei Gründe:

Zum einen wären die philosophischen Systeme des Hinduismus wie der Vedânta den gebildeten Indern hinreichend. Zum andern wäre die Masse der Inder noch dermaßen in das Kastenwesen verstrickt, daß sie nicht in der Lage wäre, dieses zu sprengen. Zukunftweisend wird möglicherweise, nach Ansicht Sundar Singhs, der Hinduismus, der ja auch mit dem Christentum und den philosophischen Strömungen anderer Länder in Berührung gekommen ist, eines Tages ausgedient haben wie der Buddhismus.

4. SÂDHU SUNDAR SINGH ÜBER DEN BUDDHISMUS[348]

Sein Stifter, Sakyamuni Gautama, genannt Siddhartha,[349] wird nach seiner Erleuchtung 'Buddha' genannt.

Der Buddhismus kann keinen Anspruch darauf erheben,eine Religion genannt zu werden, da Gott, der Grundlage und Leben aller Religion ist, nicht vorfindbar ist. Sâdhu Sundar Singh hält den Buddhismus für eine Verbindung von Ethik und Agnostizismus, beeinflußt vom Hinduismus, mit dem er die Lehre von der Seelenwanderung, das Karmagesetz und in abweichender Form die Lehre von Erlösung und Erlöschung [*nirvana*] gemeinsam hat. Unterschiedlich zum Hinduismus kennt er drei ewige Realitäten: Seele, Materie und Brâhma. Gott sei ohne Eigenschaften [*nirguna*] und zugleich im Besitz von Eigenschaften [*na aguna*].

a) Buddhas Weltentsagung und Lehre[350]

1. Nach sechs Jahren strenger Askese, die zum Zusammenbruch führte, kam ihm nach der Erlangung des Bewußtseins die 'Erleuchtung', daß der mittlere Weg zwischen Genuß und Selbstpeinigung der richtige sei.

2. Auf dem Weg nach Benares, in der Absicht, dort seine Lehren zu verkünden, erzählte er einem 'fakir"[351] den er unterwegs traf, er sei im Besitz aller Weisheit, benötige keinen Lehrer und habe Nirvâna erlangt. Nach der Meinung von Sundar

---

347 Joh. 14 V.20 und Gîtâ 9,29

348 ebd. S. 32-38

349 * im 6. Jh. v C

350 ebd. S. 32-36

351 wörtlich 'Armer', das arab.Wort für Sâdhu oder bhiksu (=Bettelmönch), das sich nach dem Eindringen des Islâm in den indischen Dialekten einbürgerte; Sâdhu Sundar Singh.: Suche nach der Wirklichkeit. Anm. 39 .S. 73

Singh wäre Buddha sowohl die strenge Askese als auch der Agnostizismus[352] erspart geblieben und er hätte zur Verehrung Gottes gefunden, wäre er rechtzeitig des Fakirs Schüler geworden.

3. Ohne den religiösen Einfluß seiner indischen Umgebung wäre Buddha einfach philosophischer Materialist geworden. So wurde er Sittenlehrer aufgrund des gottgegebenen Gesetzes seines inneren Wesens. Um Gottes Dasein zu begreifen, dazu reichte sein Verstand nicht aus. Sundar Singh spricht Buddha die Erleuchtung ab; es seien lediglich durch Askese und Meditation philosophische und sittliche Ideen gewesen, zu denen er gelangte. Seine Wahrheitssuche sei wie die all derer, die sich nur auf ihren Intellekt verlassen, zum Scheitern verurteilt gewesen, da er nicht durch das Gebet Gott finden konnte.[353]

4. Insbesondere das 'Tripitakam'[354] das heiligste der buddhistischen Bücher, lehrt, daß die Persönlichkeit und das Wesen der Seele nicht ewig sei. Vergleichbar dem Wasser oder dem Feuer sei die Seele geboren aus der Verbindung der Elemente und werde wiederum, dem Feuer gleich, ausgelöscht. Die Seele werde nur für die kurze Zeit ihrer Dauer zum Leben erweckt. Das universelle Gesetz im Weltall lasse alles erscheinen und wieder verschwinden. Im Buddhismus, der Gott nicht kenne, nehme das Naturgesetz selbst den Platz Gottes ein; außer diesem gebe es keine göttliche Persönlichkeit.

„Der Buddhismus [...] blickt zu keinem Gott und keinen Göttern empor und sucht nicht Hilfe von außen. Das Gebet ist vergeblich, denn was erbeten wird, ist eigene Bemühung. Die dem Gebet gewidmete Zeit ist verlorene Zeit", sagt ein buddhistischer Missionar auf dem Religionskongreß in Chicago.

5. Auf die Frage: Wie kommt es, daß der Buddhismus einen so großen Fortschritt in Indien gemacht hat? führt Sâdhu Sundar Singh als ersten Grund den Verzicht auf das Königtum an, also Buddhas Leben in Armut; weiter Buddhas Lehre gegen das Kastenwesen, den Götterbilderkult, die Arroganz der Brahmananen. Die Verneinungen Buddhas waren ein Ersatz für das Fehlen einer besseren Philosophie. Auch war der mächtige König Ashoka[355] erfolgreich in seinen Bemühun-

---

352 A. ist die Lehre von der Unerkennbarkeit des Wesens der Dinge oder der Realität überhaupt, s. WöBu der Philos.; a.a.O.: A. ist die Nichtwissenslehre {ajñana-vada}. Glasenapp. Die Philosophie der Inder. S. 125. Kap. über die Lehren, welche die sittliche Weltordnung leugnen

353 vgl. Tiele - Söderbloms Kompendium der Religionsgeschichte. S. 229: Die ganze Philosophie des Buddhismus sei Psychologie, ihr ganzes Interesse auf den Menschen ausgerichtet

354 Der' Dreikorb' oder 'die drei Körbe' genannt, bezeichnet den Kanon der ceylonesischen Hinayana- Buddhisten, nach Max Müller die größte 'Bibel' der Weltreligionen. Er umfaßt drei Teile: 1. Vinaya (=Leitung), die Mönchsregeln, 2. Dharma (=Heilslehre), die Lehrgespräche Buddhas, 3. Adidhârma (=Vertiefung des Dhârma), die lehrhaften, philosophischen und psychologischen Bücher; Tiele - Söderblom. Kompendium. S. 228f. u. Sundar Singh. Das Suchen nach der Wirklichkeit. S. 34 u. 73. Anm. 42

355 A. Priyadarsin (263-226 v. C.)

gen, die sittlichen Ideale des Buddhismus im öffentlichen Leben zu verwirklichen.

Der Verfall des Buddhismus in seinem Ursprungsland war nicht aufzuhalten. Sein Ansehen nahm bis heute zusehends ab (von Bewunderern der Persönlichkeit des Buddha abgesehen). Der Agnostizismus entsprach nicht den religiösen Bedürfnissen des indischen Volkes.

b) Nirvâna[356]

1. 'Nirvâna', der Ausdruck, den die Buddhisten für Erlösung verwenden, bedeutet das Erlöschen allen Verlangens, der Ursache aller Qual. Da Gefühle notwendigerweise Wünsche hervorbringen und Lebewesen Gefühle haben – ein Gesetz des Daseins – würde die Abschaffung von Wünschen Zerstörung – nicht Erlösung – bedeuten.

2. Wünsche haben Ziele. Kein Mensch hat den Wunsch zu leiden, sondern versucht, diesem zu entgehen. Daher wünscht er sich auch Gesundheit. Das ist ein Lebensgesetz.

3. Der Wunsch nach völligem Verzicht auf Wünsche vergleicht Sâdhu Sundar Singh mit dem Bild, Wasser mit Wasser und Feuer mit Feuer zu 'löschen'. Dieses widerspräche dem Naturgesetz.

4. Die Tatsache der geistigen und sinnlichen Wahrnehmung beinhaltet eine ständige Wechselwirkung mit sichtbaren und unsichtbaren Dingen. Warum sollen wir diese verleugnen?

5. Das Vorhandensein von Wünschen soll nicht abgeschafft werden. Wir müssen nur erkennen, daß das unendliche Sein, welches Liebe ist, geeignet ist, all unser Sehnen zu stillen. „Das Verlangen der Seele ist die Prophezeiung seiner Erfüllung."[357]

5. SÂDHU SUNDAR SINGH ÜBER DEN ISLÂM[358]

1. „Es ist nicht nötig, ausführlich über diese Religion zu schreiben, denn sie ermangelt der Originalität des Gedankens. Sie enthält Dinge, die schon in den jüdischen und christlichen Schriften behandelt sind. Es wird genügen, wenn wir nur zwei oder drei Punkte berühren. Muhammed nennt Christus „das Wort Gottes" und „den Geist Gottes". Wir können uns keinen besseren Namen wünschen, um die Gottheit Christi zu beweisen, als die Namen Rûh-Allâh oder Gottesgeist, welcher von Christus im Koran gebraucht ist."[359]

---

356 ebd. S. 36-38

357 ebd. S. 38

358 ebd. S. 39-41

359 Sâdhu Sundar Singh.: Das Suchen nach der Wirklichkeit. S. 39

2.1. Der Sûfismus vertritt eine pantheistische und mystische Glaubensform, entgegen den Grundsätzen des Islâm und Korân. „ana 'l hakk" („ich bin die Wahrheit") heißt das Losungswort der Sûfisten. Sundar Singh hält viele der Sûfisten von der wirklichen Erfassung der Wahrheit weit entfernt.

2.2. "Der Vedânta lehrt, daß die Erlösung [moksa] Auflösung [absorption] bedeutet, und zwar Auflösung in Brâhma durch das Wissen, das alle Täuschung entfernt. Der Buddhismus behauptet, die Erlösung sei das Erlöschen des Wunsches, d.h.nirvâna; so erklären die Sûfi, daß die Erlösung das 'fana fi 'llah' oder die Vernichtung in Gott sei. Aber das wahre 'fana fi 'llah' ist nicht die Vernichtung des Selbst, wie die Sûfi glauben, sondern die Zerstörung der Selbstsucht und aller Sünden[...]Der Sünde und der Welt sterben und so ins Leben eingehen und in Gott immerdar leben, das ist wahres „Leben in Gott" (baka fi 'llah), nicht „Vernichtung in Gott" (fana fi 'llah), und das ist Wirklichkeit", sagt Sundar Singh selbst über den Sûfismus.[360]

B Sundar Singhs Religionsphilosophie in seinem Suchen nach der Gotteswirklichkeit -
Bekenntnis zum Christentum

1. SÂDHU SUNDAR SINGH ÜBER DAS CHRISTENTUM[361]

Was ist nun Sundar Singhs Auffassung des Christentums?

„Das Christentum ist Christus selbst, der da sprach: „Ich bin der Weg, die Wahrheit und das Leben"[362]. Christus hinterließ nichts Geschriebenes; die Religion des Christentums beschränkt sich nicht auf Lehren und Zeremonien, sondern „ist gegründet auf den Lebendigen Christus selbst, der für immer mit uns ist."[363]

a) Prophezeiungen über Christus

Christus wurde schon vor seinem Auftreten angekündigt: „Er war in der Welt, und die Welt ist durch ihn geworden, aber die Welt erkannte ihn nicht"[364]. „Jesus erwiderte ihnen: Amen, amen, ich sage euch: Noch ehe Abraham wurde, bin ich"[365]. „Vater, verherrliche du mich jetzt bei dir mit der Herrlichkeit, die ich bei dir hatte, bevor die Welt war"[366]. Mit diesen Bibelzitaten belegt Sundar Singh seine Aussage über die Ankündi-

---

360   ebd. S. 40 f.
361   ebd. S. 41-67
362   Joh. 14 V.6
363   ebd. S. 41
364   Joh. 1 V.10
365   Joh. 8 V.58
366   Joh. 17 V.5

kündigung Jesu in der Welt. Da es nichts auf dieser Welt gibt, das nicht seine Ursache hätte, also auch der „Zufall" vorbereitet ist, ist Christus' Kommen vorbereitet worden. „Denn es muß alles erfüllt werden, was von mir geschrieben ist im Gesetz Moses, in den Propheten und in den Psalmen".

Die Menschwerdung Christi wurde vor seinem Erscheinen angekündigt, durch die Propheten den Israeliten und durch die Zerstreuung der Juden über die Völker der Welt.

b) Christi Leiden und Kreuzestod

Sundar Singh sagt von Christus: „Jesus hing nicht nur sechs Stunden, sondern sein ganzes Leben hindurch am Kreuz."[367]

Das Leiden Jesu war Gottes Leiden an der Welt für deren Erlösung. Er kam in diese Welt zum Beweis, daß der Tod in Wirklichkeit Leben bedeutet, die Gottferne durch Sünde entsteht. In Wirklichkeit leidet der Mensch an der Trennung von Gott.

c) Christi Auferstehung

Christus, der ohne Sünde war, erstand in demselben Leibe auf, in dem er starb.

Nach seiner Auferstehung sitzt er neben seinem Vater auf demselben Thron [368]

„Gott ist Geist. Außer Geistern schuf er die leblose Materie. (Deshalb, weil er die Materie erschuf, d.h. ein Ding, das gleichgültig ist gegen sein Wesen, ist nicht gesagt, daß er auch selbst Materie oder etwas Ähnliches sei.) Aber wenn Gott, der ein Geist ist, in seiner vollendeten Macht eine Materie schaffen konnte, die nicht Geist ist, warum sollte er nicht durch dieselbe Macht seinen 'avatâra' (d.h. Christi physischen Leib) beleben und in einen geistigen und herrlichen Leib verwandeln? Er konnte es gewiß tun und hat es auch getan."[369]

Gegen den Einwand, wie es käme, daß Gott, der Geist ist, sich in einen stofflichen Leib kleide, argumentiert er: Zweck der Menschwerdung sei, daß auch diejenigen, die er nach seinem eigenen Bild gemacht habe, einen herrlichen, verklärten Leib bekämen wie er und zu seiner Gemeinschaft in sein ewiges Reich zugelassen werden sollten.[370]

---

367 ebd. S. 43

368 Off. 3 V.21

369 ebd. S. 44f.

370 ebd. S. 45

d) Einige praktische Beweise für das Christentum

Es habe zu allen Zeiten und Völkern allen Menschen in den verschiedensten Situationen den Frieden des Herzens gebracht und die Sehnsucht der Seele gestillt.

Es geht Sundar Singh nicht um eine Hoffnung auf Belohnung im nächsten Leben, sondern um die geistige Nahrung in der Gemeinschaft mit Gott. Die wahren Christen sind in ihrem Leben von dem Geist und der Gegenwart Gottes erfüllt.

Sundar Singh bringt ein Beispiel: So wie Zucker zum Süßen tauge, und der Zucker mit seiner eigenen Süßigkeit nichts anfangen könne, so sei auch Gott nicht für sich selbst da, sondern für diejenigen, in die er das Verlangen nach ihm hineingelegt hat, damit sie zur göttlichen Wahrheit finden;"[...]denn das Wissen um die göttliche Wirklichkeit ruht in unserm eigenen Innern und nicht in den Argumenten der Philosophie. Das Erkennen der Süßigkeit süßer Dinge ist in der eigenen Zunge zu finden und nicht in Büchern."[371]

Möglicherweise leidet der Geschmackssinn durch Krankheit bei einzelnen, aber es ist nicht möglich, daß Millionen von Menschen ihren Geschmackssinn verlieren. So können auch geistige Wahrnehmungen und Gefühle einzelner mangelhaft sein, aber unzählige unterschiedlichster Menschen, die den Frieden in Jesus gefunden haben, haben Zeugnis für ihn abgelegt und sind auch dafür gefoltert worden. War deren geistige Wahrnehmung und Empfindung mangelhaft?

Es kann sein, daß ein Mensch das Dasein Gottes leugnet, da seine geistige Wahrnehmung infolge von Sünde abgestorben ist. Ist er jedoch bereit, dies zu bereuen und Gott zu suchen, so wird sich ihm die göttliche Wirklichkeit offenbaren, und er kann eine persönliche Gotteserfahrung machen.

Ehe das Christentum gepredigt wurde, versuchten gute, innerlich gefestigte Menschen, die Verhältnisse zu verändern, jedoch ohne Erfolg. Die Römer, die den Gladiatorenspielen beiwohnten, besaßen kein Mitgefühl. Erst durch heldenhaftes Beispiel einzelner begriffen sie ihre eigene Grausamkeit und hörten allmählich damit auf.

In der Welt hat keine Nation oder Religion Dauer, die von innerer Zerrissenheit und äußeren Angriffen zersetzt wird. Wie kommt es, fragt Sâdhu Sundar Singh, daß das Christentum – trotz Unglaubens, Agnostizismus und falschen Lehren – eine wahre, lebendige Religion ist, die die Seele zu befriedigen vermag?[372]

e) Bibelkritik und liberales Christentum

Zu allen Zeiten war die Bibel deutlicher Kritik ausgesetzt, mit dem Ergebnis, daß sie allen Widerständen umso erfolgreicher trotzte. Erschüttert von diesen Angriffen wurden nur die Scheinchristen, die nicht eigentliche Christen sind. Gegen diejenigen, die geistiger Erfahrung mächtig sind und ein geistiges Leben führen, konnten die Attacken

---

371 ebd. S. 47

372 ebd. S. 50

nichts ausrichten; denn die göttliche Wirklichkeit ist stärker und dient dem Fortschritt der wahrhaft Glaubenden.

Die Spekulation der sogenannten 'Gelehrten' hält Sundar Singh oft sogar lediglich für Fallstricke ihrer eigenen Irrtümer und Täuschungen. Da sie nicht wirkliche Wahrheitssucher sind, deren Wunsch darin besteht, mit der göttlichen Wirklichkeit in Berührung zu kommen, geraten sie in eine Abhängigkeit eigener Vermutungen. Die Wissenschaftlichkeit der gelehrten Kritiker ist zu bezweifeln. Da die Wahrheit ewig ist, bedarf sie nicht der Untersuchung zeitlicher, d.h. vergänglicher Logik. Nicht die Personen der Prophetie oder Evangelien sind ausschlaggebend, sondern die Tatsache, daß es das Wort Gottes ist, das sich der Propheten und Apostel, die vom Heiligen Geist inspiriert wurden, bedient hat: „[...]denn niemals wurde eine Weissagung ausgesprochen, weil ein Mensch es wollte, sondern vom Heiligen Geist getrieben haben die Menschen im Auftrag Gottes geredet.[373] Allein die göttliche Wirklichkeit befriedigt den, der sie sucht.

„Auf meinen Reisen in Europa, Amerika und in den östlichen Ländern habe ich gesehen, daß die Leute in ihren Fabriken, Laboratorien und Bibliotheken so geschäftig sind, daß sie keine Zeit mehr haben, um die Segnungen des Christentums zu empfangen. Einige von diesen Leuten gestanden mir, sie hätten ihr Leben so verwickelt gestaltet, daß sie ganz davon gefesselt wären. Wenn jemand schwach wird, weil er keine Speise ißt, oder stirbt, weil er kein Wasser trinkt, können wir dann sagen, daß Speise und Wasser verkehrt seien? Keineswegs. Schuld daran ist nur die Gleichgültigkeit und Nachlässigkeit eines Menschen."[374] Die Wirkung derer, die das Christentum von ganzem Herzen angenommen haben, wird nie vergehen.

Die Arbeiter auf dem Land leben deswegen gesund, weil sie einfache Kost gewöhnt sind und sich gegenseitig helfen. Ihr einfacher Glaube auch bei geistiger Kost läßt sie zufrieden leben. Je verwickelter die Nahrung wird, desto komplizierter werden die Beschwerden. Die Menschen bekommen Krankheiten, z.B. Magenbeschwerden oder leiden unter der eigenen, komplizierten Philosophie, die sie sich selber zusammengebastelt haben, indem sie die einfache, universelle Wahrheit und Wirklichkeit verlassen, „ohne je die Erfahrung von der Gemeinschaft mit der göttlichen Wirklichkeit gemacht zu haben."[375]

Es gibt Juristen, die ihre Klienten vor Bestrafung retten, obwohl sie schuldig sind. Dadurch ermuntern sie diese zu weiteren Verbrechen und machen sich selber schuldig. Analog dazu mißbrauchen 'Kriminelle'[criminals] der Bibelwissenschaft ihre von Gott geschenkte Gelehrsamkeit, indem sie diese zu ihren Gunsten verdrehen: „Weh euch Gesetzeslehrern! Ihr habt den Schlüssel (der Tür) zur Erkenntnis weggenommen. Ihr

---

373   2. Petr. 1 V.21

374   ebd. S. 52 f.

375   ebd. S. 53

seid selbst nicht hineingegangen, und die, die hineingehen wollten, habt ihr daran gehindert."[376]

Die Parabel vom verlorenen Sohn wird oft falsch verstanden. Der menschliche Sohn kann von sich aus, aus freien Stücken, zum Vater zurückkehren, da er ihn ja gekannt hat. Der Mensch, der durch seine Sünde von Gott abgefallen ist, kann sich, in Erinnerung an seine frühere christliche Erfahrung, wieder zu Gott wenden in der Erkenntnis, daß Christus und Gott-Vater eins sind.[377] Jedoch keine anderen, außer den Christen, können zu Gott gelangen ohne die Mittlerschaft Jesu.[378]

Der Vorwurf, die Verfasser der Evangelien hätten übertrieben, könne nicht aufrecht erhalten werden; denn diese waren einfache, schriftstellerisch nicht gebildete Leute. Wären sie literarisch gebildet gewesen, hätten sie den Gegenstand des Evangeliums in genau geordneter Reihenfolge gebracht, „z.B.erstens das Leben, die Geburt, den Tod, die Auferstehung und Himmelfahrt, zweitens seine Lehre und seine Parabeln, drittens seine übernatürliche Macht und seine Wunder, und viertens ihre eigenen Erfahrungen von ihm und ihre Ansichten über ihn."[379]

Aber dazu waren sie nicht in der Lage, da sie, ohne stilistische Kenntnis, das niedergeschrieben haben, so wie sie es erfahren haben.[380]

f) Christi Lehre und Beispiel

Sundar Singh hält Christi Lehre für so einzigartig und unvergleichlich wie die Sonne, die ihr eigenes Licht nicht vom Mond bezieht, sondern selber die Ursache des Lichtes ist. Die Autorität seiner Lehre ist nicht von anderen entlehnt: „[...]denn er lehrte sie wie einer, der (göttliche) Vollmacht hat, und nicht wie ihre Schriftgelehrten"[381]. Er kam nicht in die Welt um seines eigenen Vorteils willen, sondern um der Welt die göttliche Wirklichkeit zu offenbaren.

Sundar Singhs Hinweis auf Johannes den Täufer ermöglicht dem Sünder Reue und Umkehr durch Buße, um von der Trennung von Gott, unter der er ja leidet, befreit zu werden. Wenn er Gott sein Herz öffnet, überkommt ihn der Heilige Geist mit seiner lebensspendenden Kraft, und das Reich Gottes beginnt bereits im Herzen der Menschen. Um in Gottes ewiges Reich einzugehen, ist es unerläßlich, schon hier auf Erden Buße zu tun. Sundar Singh führt die sieben Seligpreisungen auf von den Armen im Geiste, von denen, die da Leid tragen, von den Sanftmütigen,von denen, die da hun-

---

376 Luk. 11 V.52

377 Joh. 10 V.30

378 Joh. 14 V.6

379 ebd. S. 55 f.

380 1. Joh. 1 V.1 f.

381 Mt. 7 V.29

gert und dürstet nach der Gerechtigkeit, von den Barmherzigen, den Friedfertigen, von denen, die um der Gerechtigkeit willen verfolgt werden.

„Leistet dem, der euch etwas Böses antut, keinen Widerstand..."[382] Sundar Singh schlägt hier den Weg Mâhâtma Gândhis vor, den Weg des passiven Widerstandes. Dadurch soll der, der leidet und dem andern auch noch sein Hemd überläßt, wenn er seine Hose stehlen will, als der Leidende geistig gesegnet werden, der Gewalt Anwendende beschämt und durch den Geist der Vergebung beeindruckt werden. Christus predigte, was er selbst übte.

Wenn wir Gott gegenüber wie die kleinen Kinder werden, dann erreichen wir einen großartigen Stellenwert beim Himmlischen Vater.

Sundar Singh sagt, daß der, der seine egoistische Natur aufgibt und die Nachfolge Christi antritt, indem er Sein Kreuz auf sich nimmt und Ihm nachfolgt, hundertfach belohnt werden und das ewige Leben gewinnen wird.[383]

Sehen wir in einen Spiegel, mit einem Hintergrund voller Selbstsucht, so erblicken wir darin nur unser Ich. Schaffen wir es, die Selbstsucht wegzulassen, „dann wird, wohin wir auch immer blicken, Gott erscheinen, und wir werden erkennen, daß wir geborgen sind in Seinen liebenden Armen."[384]

Sundar Singh spricht von der Notwendigkeit des maßvollen Umgangs mit den Gaben, die uns Gott geschenkt hat und von der Notwendigkeit, vergänglichen Freuden zu entsagen, die uns wie Irrlichter narren und uns hindern, die wirkliche Freude zu finden. Wir sollen unser Herz nicht an geschaffene Dinge hängen."Maß in der Entsagung wie im Vergnügen – (der mittlere Weg)[385] – ist oft das beste Mittel, um das Ziel zu erreichen, das wir ersehnen."[386] Temperierte Kälte und Hitze sind nützlich, extreme schaden.

In der Gottes- und Nächstenliebe erfüllen wir das Gesetz. Jesus gab uns das vollkommene Beispiel. Er lehrte nicht nur die Liebe, sondern erfüllte und vollendete sie.

g)   Die Endbestimmung des Menschen

Entgegen der Behauptung materialistisch eingestellter Gelehrter oder Philosophen, daß das geistige Leben einer Persönlichkeit mit dem physischen Tod ende, glaubt Sundar Singh an das Weiterleben der geistigen Existenz, welche jenseits der stofflichen Existenz liegt.

Die Ansicht der Darwinisten oder Vertreter der Entwicklungslehre, daß das kranke, schwache Leben lebensunwert sei, Leid und Krankheit, Schwäche und Mangel, nach

---

382   Mt. 5 V.39

383   Mt. 19 V.29

384   ebd. S. 61

385   den Buddha in Benares seinen ersten Jüngern verkündet

386   ebd. S. 62

Auffassung von Sundar Singh, durch Sünde entstehe, und daher kein Sündiger das Recht auf Leben habe, sei haltlos; dann wäre die Erde leergefegt von Menschen; denn alle Menschen sind Sünder. Sundar Singh hält den sogenannten 'Übermenschen' im Gegenteil für einen Untermenschen, vergleichbar einem abgerichteten Tier, Sklave seiner eigenen Leidenschaften.

Das Janusgesicht des Menschen, der in einer schlechten Umgebung schlecht, in der Gegenwart Gottes jedoch heilig und gereinigt wird, verhinderte, daß Gott ihm bisher Seinen Namen offenbaren konnte. Der Mensch muß sich mit der Auskunft „Ich bin, der ich bin"[387] begnügen.

Sundar Singh geht es um immer weiter fortschreitende Fortschritte, bis wir vollkommen in der Liebe sind wie der Vater.

Dort, im ewigen Leben, wird der Fortschritt in jeder Weise bis in Ewigkeit andauern, bis wir, in der Gegenwart und Gemeinschaft unseres himmlischen Vaters, in unendlicher Zeit, vollkommen werden, wie er vollkommen ist.

Begrenzt in unserer Erkenntnis, fehlt uns die Fähigkeit, den unendlichen Gott zu erkennen; Gott, der die Liebe ist, wird dem Menschen nicht für immer viele Dinge verborgen halten, die dieser jetzt noch nicht kennt.Letztlich doch befähigt zu dieser Gotteserkenntnis, die Gott selbst, der die Liebe ist, diesem schließlich gestattet, damit seine Liebe und sein Glaube an Ihn unendlich werden, ist der eigentliche Zweck seiner endgültigen Bestimmung.

Der Mensch, der schon jetzt in dieser Welt alle Probleme lösen will, was unmöglich ist, muß sich noch in Geduld üben und die Sache dem überlassen, der das Ziel, das er mit dem Menschen vorhat, erfüllen wird:

„Vollkommen zu sein wie unser himmlischer Vater, ist das Ziel unseres Lebens."[388]

---

387   Ex. 3 V. 13

388   Mt. 5 V. S. 48

Kapitel VI Was hatte Sâdhu Sundar Singh seiner Zeit, und was hat er uns heute noch zu sagen?

A Seine Bedeutung für seine Zeit

Damit wir Sundar Singhs Bedeutung für seine Zeit erfassen können, müssen wir nach seinem Standort in seinem indischen Kontext fragen. Inwieweit ist seine Gestalt relevant für die geistige Strömung seiner Zeit? Diese Frage gilt im Inland wie im Ausland. Wenden wir uns zuerst der Peripherie, seines Wirkens, dem (europäischen) Ausland zu, bevor wir uns – medias in res – Indien näher anschauen.

1. WIE SEHEN (MAßGEBLICHE) THEOLOGISCHE ZEITGENOSSEN IN EUROPA SÂDHU SUNDAR SINGH?

Da hier nicht alle aufgezählt werden sollen, die Sundar Singh persönlich kannten und sich ein Urteil über ihn gebildet haben, seien stellvertretend für viele andere zwei maßgebliche evangelische Theologen des Westens genannt: Heiler (für Deutschland) und Söderblom (für Schweden).

a) F.Heiler

Heiler[389] stellt Sundar Singh zu den größten Gebetsmännern des Christentums und hält ihn für die größte religiöse Persönlichkeit, mit der er in Berührung kam.[390]

Trotz Heilers eindeutiger Einordnung des indischen Frommen als Mystiker[391] soll diese Arbeit doch aufzeigen, wie schwierig es ist, ihn theologisch einzuordnen.

Die Stellungnahme zur Mystik sei heute eine der großen Lebensfragen des evangelischen Christentums, an dem seine religiöse Zukunft hänge,[392] worauf, wie wir später sehen werden, Karl Rahner von katholischer Seite aus zukunftweisend anschließen wird.

---

389 vgl. Kap. I A 3./4. und Kap. III 6. F. Heiler, der Marburger Religionshistoriker, dessen Verdienst in der ökumenischen Einigung der verschiedenen Religionen bestand, und (unter vielen anderen Schriften) Verfasser von: "Das Geheimnis des Gebets"

390 neben Sorella Maria des Poverello nahe bei Assisi, von der er in einem früheren Brief aus Assisi an Söderblom vom 24. Sept. 1928 berichtet. Die "soror minor" sei mit Sundar Singh und Gândhi befreundet, evangelisch-ökumenisch gesinnt; diese Franziskanerschwestern würden sich "panchristiani" nennen und seien den römischen Autoritäten suspekt, so Heiler. Den hl .Franz v. Assisi halte er für evangelischer als bisher angenommen; es sei noch einmal auf dessen späteren Brief Nr. 92 an Söderblom vom 20. April 1931 aus Florenz erinnert; s. Appendix - und an Sundar Singhs eigene Anschauung, dass Franz v. Assisi ein direktes Vorbild für ihn selber war

391 vgl. Kap. III. 6

392 Heiler, F.: "Das Geheimnis des Gebets". S. 9

b) Nathan Söderblom

Der Erzbischof von Uppsala[393] zeigt besonderes Interesse an dem Typus eines indischen evangelischen Christentums, wie ihn Sâdhu Sundar Singh darstellt. Er dient ihm als Dolmetsch im Dom zu Uppsala und beherbergt ihn längere Zeit als Gast in seinem Hause.[394] Sundar Singhs Frömmigkeit stellt er in einer eigenen Abhandlung dar mit dem Titel: „Evangelische Mystik in einer indischen Seele."[395]

Auch gibt er dessen Schrift „Zu des Meisters Füßen" in schwedischer Sprache heraus und beleuchtet seine Botschaft und ihre Bedeutung für den Osten und Westen.[396]

Beide genannten Bücher, die Söderblom über Sundar Singh verfaßte, haben viele gemeinsame Texte, d.h. in „Sundar Singhs budskap"[397] scheint er den früheren Text von „Tre Livsformer" über die Mystik Sundar Singhs[398] zu entwickeln und ausführlicher darzulegen. Aber im Grunde genommen haben sie viel gemeinsam. Es ist ja auch so, daß N.Söderblom ein großer Ökumene war, und sein Interesse leuchtet durch, d.h.er entwickelt seine Thesen und breitet seine Freude über ökumenische Begegnungen aus, und zwar ziemlich großzügig; sonst wäre er nicht Nathan Söderblom.

NATHAN SÖDERBLOM ÜBER SÂDHU SUNDAR SINGH IN SEINER SCHRIFT: SÂDHU SUNDAR SINGHS BUDSKAP

N. Söderblom[399] versucht in „Tre Livsformer" im Kapitel Mystik über Sundar Singh: „Evangelisk mystik i en indisk själ"[400] ein Bild zu zeichnen, wie die evangelische Mystik des Christen Sâdhu Sundar Singh sich entwickelt hat. Nachdem Söderblom Sundar Singh kennengelernt, mit ihm Gespräche über Gott, Christus und die menschliche Seele, Osten und Westen und die Kirche geführt hat, ist es ihm eine Pflicht und Freude geworden, ein vollständiges Buch über den indischen Apostel des Meisters zu

---

393 Söderblom, eine der universellsten Persönlichkeiten der christlichen Geistesgeschichte, bahnbrechend für die universale Religionswissenschaft, der "Vater der oekumenischen christlichen Einigung", wie ihn F. Heiler nennt, vom schwedischen Bischof Aulén als "der ökumenische Kirchenvater bezeichnet" Ebd. XXXVI

394 s. Abb. beider im Bilderanhang

395 ebd. XXXVI; s. auch Söderblom, N.: Evangelisk mystic i en indisk själ in Tre livsformer: mystik (Sundar Singh) förtröstan, vetenskap. Stockholm 1922. S. 9-52

396 ebd.; s. auch Söderblom, N.: Sundar Singhs budskap utgivet och belyst. Stockholm 1923

397 erschienen 1923

398 erschienen 1922

399 N. Söderblom hat eine ganze Menge Literatur verschiedener Sprachen herausgebracht, vieles davon auf Schwedisch, wie die beiden erwähnten Titel

400 "Sundar Singh, den kristne Sâdhu" Efter ett föredrag, som hölls på Sigtunastiftelsen den 5 augusti 1921, och i Uppsala Kristliga Studentenförbund den 21oktober1921."På engelska i The International Review of Missions". London 1922

schreiben. Sundar Singh war selber Anlaß dazu, weil er erzählte, daß viele Freunde ihn gefragt hatten, ob er nicht seine wichtigsten Erfahrungen und Gedanken in einem kleinen Buch herausgeben könnte. N.Söderblom versprach, ihm dabei behilflich zu sein.[401] Die Predigt im Dom zu Uppsala wurde am 23.4.1922 gehalten.[402] N.Söderblom erzählt über die Schwierigkeiten, die Sundar Singh hatte; denn er war sehr schüchtern. Er wollte nicht gern in größeren Menschenmengen auftreten. Sundar Singh litt unter der allgemeinen Neugierde. Während seiner Predigten fühlte er sich frei und auch, wenn sinnvolle Gespräche stattfanden; aber mit der Neugierde der Leute hatte er große Schwierigkeiten.[403]

Für Sundar Singh lag der größte Wert der Bhagavadgîtâ in der Ähnlichkeit mit dem Evangelium nach Johannes.[404]

Die folgenden Seiten [bis S. 167] beinhalten eine Auseinandersetzung mit Sundar Singhs Vergleichen zwischen Osten und Westen. Er meint, daß das Abendland die Lehre Christi zu sehr umgewandelt (geprägt) hat. Darüber äußert sich Sundar Singh sehr kritisch. Zwei Grundgedanken (tva Grundtankar) zeichnen sich in Sundar Singhs Gleichnissen[405] (Sundar Singhs Liknelser) ab: Er gibt eine Auslegung, wie das Dasein sich teilt zwischen Gott und dem Bösen – Himmel und Hölle. Es gibt Mischformen beider, und viele Menschen wissen nicht, wo sie sich befinden. Himmel und Hölle sind nicht geographische Begriffe, auch keine Zeitbegriffe, sondern sie sind immer gegenwärtig für jede(n). Der organische Zusammenhang zwischen dem Herzen der Menschen und die Himmel/Hölle-Erfahrung, die wir im Leben machen, ist immer abhängig von unserer Wahl.[406] 'Die Versuchung des Sâdhu' (Den Kristen Sâdhuns Frestelse) ist das folgende Kapitel überschrieben[407] und behandelt Sundar Singhs Auseinandersetzung mit dem Buddhismus.

Söderbloms Buch schließt mit dem Kapitel: 'Drei große Männer im heutigen Indien und die Religionen' (Det nutida Indiens tre store män och Religionen)[408] Von den Männern (människogestalter), die im heutigen Indien und auch draußen, außerhalb Indiens wichtig sind, haben zwei von ihnen Schweden besucht. Alle drei sind im Grunde genommen religiös und erleben und bezeichnen alle drei, daß ihre Werke mit

---

401 vgl. Företal / Vorwort

402 S. 112

403 S. 135

404 "För Sundar Singh låg Bhagavadgîtâs förnämsta värde i dess likhet med vissa drag hos Johannes evangelium." 143 f.

405 S. 168-195

406 S. 196-215

407 S. 216-243

408 S. 244-285]

Gott verbunden sind. Der eine ist ein Mann der Religion, der zweite ein Mann der Gedichte und der dritte ein Mann der Nation.[409]

Söderblom weicht lange mit seiner eigenen Bewertung von Gândhi aus. Er vergleicht ihn mit Lenin, der mit Waffen und Gewalt die Menschen glücklich machen und die Welt verbessern will.[410] Tolstoy (1828-1910) ist als Lehrmeister Gândhis genannt, durch seine Deutung der Bergpredigt.[411]

SÖDERBLOM ÜBER SUNDAR SINGH:

33 Tage nach seiner Taufe (am 3.9.1905) schenkte Sundar Singh seinen Besitz weg (am 6.10.1905), wanderte (nach Söderblom) mit der gelben Sâdhu-Kleidung in die Welt hinaus, abhängig von der Hilfe der Menschen. Während seiner Studien im theologischen Seminar in St.Johannes in Lahore behielt der Sâdhu seinen gelben Mantel. *Ein christlicher Sâdhu war etwas Neues und für viele ein Widerspruch.* („En kristen Sâdhu var då någonting alldeles nytt, och för många tycktes det innebära en motsägelse)[412] Sundar Singhs erste Predigt überhaupt fand in der schwedischen Kirche in Madura statt im Januar 1918. Sein Englisch war damals sehr schwach; später lernte er aber ein ausgezeichnetes Englisch, mit dem er mit größter Einfühlsamkeit seine Bilder übersetzen konnte. Seine siebte Missionsreise fand 1919 statt, nach Tibet. Dort staunte Sundar Singh über die buddhistische Eigenrechtfertigung. Diese siebte Reise führte ihn auch nach Frankreich, England, Amerika, China und Australien. 1922 war er wieder in Tibet, bereiste dann Schweden und die Schweiz. Als Sâdhu hatte er Zutritt zu den indischen Häusern und konnte sich so auch an die indischen Frauen wenden.

Was, sagt Söderblom, wichtig ist für Sâdhu Sundar Singh, ist, daß er Sâdhu mit indischer Abstammung und Herkunft ist. Auch wenn die Missionare aus dem Westen viel geleistet haben,[413] so haben sie die westliche Abstammung und Herkunft und sind von ihr geprägt. Sie können nicht aus der indischen Seele und Gottessehnsucht sprechen. Man braucht in Indien Inder, die in ihrer Art das Evangelium verkünden. Am liebsten sollten es Inder aus höheren Kasten sein. Auf den folgenden Seiten[414] erzählt Söderblom über die Herkunft der Sikhs.

Söderbloms Schlußwort seiner Botschaft Sundar Singhs („Sundar Singhs budskap") besagt: „Seitdem ich das letzte Mal über Sundar Singh etwas geschrieben habe, habe ich noch deutlicher verstanden, daß er – unabhängig von seiner Stellung in der Fortsetzung (dem Zeitgeschehen) des Evangeliums aller Zeiten – eine besondere Bedeu-

---

409   S. 244: Sundar Singh, Rabîndranâth Tagore, Mâhâtma Gândhi

410   Söderblom,N.:Sundar Singhs budskap. S. 245

411   S. 246

412   S. 266 f.

413   (s. mein Urgroßvater Johannes Kabis als Missionar in Madras)

414   S. 272, S. 274 f., S. 276 f., S. 278 f.

tung hat, wie sie noch niemand vor ihm gehabt hat, für das Christentum und die Kirche (Kirchengeschichte) in Indien."[415]

NATHAN SÖDERBLOM ÜBER SÂDHU SUNDAR SINGH IN SEINER SCHRIFT: „TRE LIVSFORMER"

In dieser Schrift über der Sâdhu beantwortet Söderblom wohl am deutlichsten, warum er sich überhaupt für Sundar Singh interessiert. Gemessen an seiner Zeit zeichnet sich ja dieser große Oekumene durch seine großartige Aufgeschlossenheit aus.

1. Sundar Singh, der Orientalische Christ und Evangelist in Tibet und Indien ist ein Christusmystiker.[416]
2. Sundar Singh ist ein echter Hindu.[417]
3. Sundar Singh ist ein genau so echter evangelischer Christ.[418]

Das ist, wenn Söderblom so richtig zu verstehen ist, das, was bei ihm interessant ist, und deswegen hat Sundar Singh, seiner Meinung nach, der Welt etwas zu sagen.

1: Das Evangelium ist bei Sundar Singh nicht verändert, nicht mit indischen Gedanken gemischt worden, sondern ist genau so frisch und tief wie immer. Aber durch seine Kenntnis und Prägung der hinduistischen Denkungsart wird es aufgefaßt mit einer Deutung, die nur überraschen kann, und wovon wir auch etwas lernen können, nicht über Indien, sondern über das Evangelium selber, das wir im Westen auch nach unserer Denkungsart umgewandelt haben.[419]

Sundar Singh ist ein typisch hinduistischer Mystiker, sogar als solcher hat er besondere 'Talente', Erscheinungen und Bilder zu erleben. Der Weg, den er dabei gewandert ist, ist für immer lebendig geblieben.

2: Sundar Singh hat eine mehr naive Auffassung, wie Gott sich zur Natur verhält als wir mit unserer modernen Betrachtungsweise. Indien hat heute auch Ähnlichkeiten mit der antiken Welt. Nach Söderblom ist Sundar Singh ein evangelisch geprägter Mystiker:

a) Er ist vom Evangelium vollkommen erfüllt. Gottes Barmherzigkeit und Vergebung sind A und Ω seiner Verkündigung.

b) Die Vergebung bedeutet eine innere Veränderung. Andere Religionen meinen: Wenn jemand etwas Gutes tut, dann wird er gut. Das Christentum sagt: Wer in Christus bleibt, der wird gut. Der Weg geht von innen heraus und nicht von außen hinein. Das ist der Weg der Selbstsuggestion – Yoga – Der Weg von innen

---

415   S. 285. Schwedischer Originaltext: s. Appendix

416   "Sundar Singh,[...] berättar am egendomliga religionsriktningar i Tibet och i Indien";"kristusmystiker"; S. 12

417   Sundar Singh är en äkta hindu"; S.13

418   "Sundar Singh är en lika äkta evangelisk kristen"; S. 13

419   S. 13

heraus ist der Weg Christi. Sundar Singh gehört mit seinen Visionen und seinem Mönchsleben der evangelischen Tradition an, nicht der klassischen Tradition der Mystik. Erst muß das Herz umgewandelt werden – dann entstehen die guten Werke aus dem guten Herzen. Söderblom findet Sundar Singh sehr lutherisch.

Schlußgedanken dieser Schrift:

„Wir wissen, daß Sundar Singh nicht beabsichtigt, irgendeinen religiösen Verbund unter seiner Person zu gründen. Ein echter Christ hat ja auch einen viel größeren Wert für Gottes Herrschaft in der Welt als jede Organisation. Die Bedeutung als geistlicher Führer und Lehrer, die er hat und bekommen wird, werde ich jetzt nicht versuchen zu bewerten. Das ist eine schwierige Aufgabe. Das, was uns zu nahe liegt (in der Zeit), wird leicht vergrößert. Aber – wenn wir von dem Einfluß aus Sundar Singh betrachten, den er mit seiner Christusähnlichkeit und Verkündigung gewonnen haben kann und zukünftig weiter gewinnt, so steht seine grundsätzliche Bedeutung sowieso fest. Sie liegt, meiner Meinung nach, darin, daß er typisch ist. Vielleicht hat er als evangelisch-indischer Mystiker viele Vorgänger gehabt, aber sie kennen wir nicht. In der Religionsgeschichte ist Sundar Singh der erste, der für die ganze Welt zeigt, wie die gute Botschaft von Jesus Christus mit unverfälschter Echtheit gespiegelt wird in einer indischen Seele. Sundar Singh beantwortet eine Frage, die christliche Denker gestellt haben, seit Indien ernsthaft in geistliche Wechselwirkung mit den westlichen Ländern eingetreten ist: Wie wird das Christentum in Indien aussehen, wenn es überhaupt etwas anderes wird als nur eine oder mehrere Kolonien, die von den verschiedenen christlichen Gemeinschaften durch die Mission erworben und dann geformt und geprägt werden? Hier ist jetzt eine indische Seele, die, laut dem, was wir gesehen haben, indisch verblieben ist, währenddem sie sich mit der Liebe Christi vereint hat. Sogar bei uns im Westen ist es schwierig, jemanden zu finden, der sich so grundsätzlich das Neue Testament und die Psalter einverleibt hat, so wie Sundar Singh. Was bei ihm typisch und bemerkenswert ist, ist nicht eine Vermählung zwischen dem Christlichen und dem Indischen, sondern eine für uns in vielen Hinsichten erweckende und aufklärende (eigentlich:erleuchtende) Bestätigung echten, biblischen Christentums." [420]

Die Frage, wie Sundar Singh als evangelischer Mystiker beschrieben werden kann, beantwortet Söderblom in etwa so:

1. Sundar Singh, der in Bildern denkt, ist vom Evangelium erfüllt. Gottes Barmherzigkeit und Vergebung ist A und Ω in seiner Verkündigung. Er trennt zwischen der Welt Gottes und der Welt des Bösen.
2. Die Vergebung bedeutet eine innere Veränderung. Das Herz muß erst verwandelt werden. Das ist Christentum.

---

[420] S. 51, 52. Der schwedische Originaltext: s. Appendix

3. Beten, beten und wieder beten ist seine Losung. Beten ist keine Übung, sondern „Herzensausschütten".
4. Christus ist Richtung und Zentrum des Betens.
5. Christus bedeutet von Anfang an bis zum Schluß 'der Gekreuzigte'. Ohne das Kreuz hätten wir die Liebe Gottes nie verstanden.
6. Sundar Singh schätzt das Martyrium, das heißt aber nicht, daß er deswegen eine asketische Lebensanschauung bekommen hat. Er freut sich über das Leben.
7. Deswegen kann Sundar Singh auch hier auf Erden im Himmel leben.
8. Er strahlt deswegen Frieden und Freude aus.[421]

Der evangelische Erzbischof Söderblom aus Uppsala, der Sundar Singh für einen Mystiker hält, geht noch einen Schritt weiter als Heiler[422] Er bezeichnet Sundar Singh als Heiligen.[423] „Ein Heiliger bedeutet einen Zeugen von Gottes Kraft. Heilige sind die, welche mit ihrem Wesen und ihrem Leben verkünden, daß *Gott lebt.*"[424]

c) R. H. S. Boyd

R.H.S.Boyd,[425] der Appasamys[426] Theologie als „durchreflektiertes Fundament für eine Ausprägung des Christentums hält", vergleicht dasselbe mit dem Christentum, wie es sich bei Sâdhu Sundar Singh finde, als einem Christentum, das in tiefpersönlicher Verehrung des lebendigen Christus bestehe. Es sei ein theologisches Fundament, das für die Kirche Indiens voller Bedeutung und eine Hilfe sei, und das zugleich die Aufmerksamkeit des Westens beanspruchen dürfe.[427] In der indischen Mystik finde sich ein Reichtum an Ausdruck und Erfahrung, den sich der Westen bis jetzt kaum zu eigen gemacht habe. Er nennt „Gestalten wie Sâdhu Sundar Singh, der theologische Orthodoxie im westlichen Sinn mit indischer Ausdruckskraft und Einsicht zu verbinden wußte",[428] denen sich westliche Christen zuwenden sollten.

---

421 S. 24-36 ff.

422 N. Söderblom, F. Heiler, Sundar Singh standen in regelmäßigem Briefwechsel miteinander; s. Söderblom, N. / Heiler, F. / v.Hügel F.: Briefwechsel 1909-1931. Paderborn 1981 und Heiler, F.: cf. Singh Sundar. An Prof. F. Heiler/Marburg. Brief Sundar Singhs und Heilers. Bamberg 1924

423 Söderblom, N.: Der evangelische Begriff eines Heiligen. Eine akademische Vorlesung. Greifswald 1925

424 Söderblom, N.: Der lebendige Gott. Letzte Seite zum Vorwort. Stockholm 1910

425 Bürkle, H.: Indische Beiträge zur Gegenwart; s. Boyd, Robin H. S.: Aufsatz über Theologie im Kontext indischen Denkens. S. 77 ff.

426 Appasamy, A. J. war, wie wir wissen, ein Duz-Freund Sundar Singhs und verehrte diesen wie seinen Guru

427 ebd. S. 87

428 ebd. S. 88

d) Jesuiten

In Kreisen der evangelischen wie auch der römisch-katholischen Kirche und der Jesuiten hatte Sundar Singh bekanntermaßen auch eine nicht unbeträchtliche Anzahl von Gegner,[429] deren hauptsächlicher Vorwurf gegen ihn auf seine Nicht-Zugehörigkeit zu einer Kirche und damit ein fehlendes Dogma sowie auf sein fehlendes sozialpolitisches Engagement und die Unglaubwürdigkeit der von ihm dargestellten Wunder abzielte. Diese Leute kritisierten an ihm seine kirchliche Unfaßbarkeit. Der Sâdhu war für sie auf konventionelle Art nicht einzuordnen. Seine vielen mysteriösen Wundergeschichten waren ihnen suspekt. Im einzelnen kann in dieser Arbeit nicht auf alle seine Gegner, die er zweifellos hatte, eingegangen werden. Ein jesuitischer Indienmissionar urteilt jedoch positiv über Sundar Singhs Schrift: „Zu des Meisters Füßen": „Tief empfundene echt christliche Gedanken eines sichtlich von Gott erleuchteten, schlichten indischen Mannes, nichts Schwärmerisches oder Phantastisches, sondern praktisches Christentum [...]. Wir sehen hier, wie Gott eine suchende Seele außerhalb der Kirche zur Wahrheit führt und reich begnadigt."[430]

Was mag Sundar Singh bewogen haben, sich nicht einer Kirche anzuschließen? Lassen wir ihn selbst zu Wort kommen: „Sehr oft wurde ich gefragt, welcher Kirche ich angehöre. Gar keiner! Ich gehöre Christus. Er genügt mir. In geistiger Hinsicht gehöre ich jeder Kirche an, die wahre Christen aufzuweisen hat."[431] In seinem Briefwechsel mit Heiler findet sich auch eine Stellungnahme zu diesem Thema: „Ich ziehe keine bestimmte Form des christlichen Gottesdienstes vor. Es ist ganz natürlich, daß keinerlei Form tiefgeistigen Menschen entspricht, weil solche Menschen ohnehin direkte Gemeinschaft mit Gott in Meditation haben und allezeit sich seiner gesegneten Gegenwart in ihren Seelen bewußt sind. An Stelle von Formen verehren sie Gott „im Geist und in der Wahrheit". Und die Verschiedenartigkeit des Gottesdienstes für die gewöhnlichen Durchschnittsmenschen und deren Neigung zu diesen Formen hängt ab von ihrem Temperament und ihrer Veranlagung; darum haben verschiedene Menschen verschiedene Formen der Anbetung und des Gottesdienstes."[432] Zu den Sakramenten, von denen er bloß Abendmahl und Taufe anerkennt, äußert er sich folgendermaßen: „Jeder Christ muß den Geboten des Herrn im Hinblick auf die Sakramente gehorchen, weil sie das Mittel großen Segens sind. [...] Ich empfange das Abendmahl jeder Kirche mit Ausnahme der römischen."[433] Sundar Singh wollte offensichtlich frei sein von irgendeiner Art theologischer Bevormundung. Er suchte nach einer neuen Form von Kirche, die nicht in das Schema der von ihm vorgefunden Kirche paßte. Warum er sich keiner Kirche anschloß, wird hier verständig: Er lehnte jede Form von Bindung ab

---

429   s. 'Sâdhustreit'

430   Väth, A.: Katholische Missionen 1922³. S. 109.; vgl. Heiler. Sâdhu Sundar Singh. S. 229[69]

431   Stucki, A.: Sâdhu Sundar Singh. Basel 1948. S. 92

432   Briefwechsel Sundar Singh - Prof. F. Heiler. Marburg. Aus: Christliche Welt. Nr. 50/52 pag 107 f.[9]

433   ebd. S. 93

(was sich auch in seiner Bindungslosigkeit an eine Familie aufzeigen läßt). Hätte er sich einer Kirche, einer Familie oder Lebensgemeinschaft angeschlossen, so müßte er zu all denen gehören, an die er sich gebunden hätte. Dies tat er nicht und war auf diese Weise befreit, frei für seine Aufgabe. Die Befreiung erlebte er in sich selbst, d.h. nicht gefesselt zu werden an weltliche Pflichten. Sein christliches Pflichtbewußtsein bestand darin, daß er 'Berufener' war 'in Christus' ('Called of God'; s. R. Parker). Dadurch war er für alle da.

Er war 'called of God' – wofür? Um Christus zu bezeugen.

2. WIE SEHEN BEDEUTENDE INDISCHE ZEITGENOSSEN SÂDHU SUNDAR SINGH?

Als Männer der neuen, jungen Generation, die Indiens eigenes Profil mitgestaltet haben, ist Mahâtmâ Gândhi (1869-1958) in aller Munde. Daneben gab es noch eine Reihe von Schlüsselfiguren im nationalen Aufbauprozeß, wie Devendranâth (1817-1905) und Rabindranâth (1861-1941) Tagore (Vater & Sohn), Keshabchandra Sen (1838-1884) und Pratapchandra Majumdar Annie Besant, Ramakrishna Paramakamsa (1834-1886) und Swâmi Vivekanânda (1862-1912; ein Freund Upadhyâyâ's), Bipinchandra Pal und Aurobindo Ghose [434], die mit der kraftvollen Persönlichkeit Brâhmabandhab Upadhyâyâ's, auf den noch einzugehen sein wird, zusammentrafen.[435]

Um Sundar Singhs Bedeutung für seine Zeit ins rechte Licht setzen zu können, muß selbstverständlich nach seinem Bezug zu seinen einheimischen Zeitgenossen gefragt werden, Männern seiner Zeit, die das eigenständige Gesicht Indiens in seinem Unabhängigkeitsbestreben mitgeformt haben.

M. GÂNDHI

„Vor Antritt seiner letzten Reise nach Europa lud Mâhâtma Gândhi Sundar Singh ein, und sie waren drei Tage beisammen. Gândhi pries sein eigenes nationales Ideal. („Gândhi prisade hänförd sitt nationella ideal") Sundar Singh deutete den Frieden Christi an. („Sundar Singh visade på Kristi frid")[436] Keiner von beiden konnte die Meinung des anderen verändern. Jedoch begegneten sie sich mit Vertrauen und verabschiedeten sich in festgegründeter Freundschaft. Es wurde auch deutlich, daß für Sundar Singh das echte indische Wesen und Ideal Gândhis viel wichtiger wurde als das west-

---

434   Aurobindo, Sri A. Ghose. 1872-1950. Mit dem Versuch, die vedische Tradition mit westlichem Gedankengut zu vereinbaren, auf der Basis eines pantheistisch - mystischen Monismus formulierte er seine neu- hinduistische Yoga-Philosophie. Aurobindo versuchte, von Pondicherry aus, das Denken Indiens zu erneuern. Enzyklopädie der Philosophie. Augsburg 1992. S. 40; vgl. Schweitzer, A.: Die Weltanschauung der indischen Denker. S. 199

435   J. Lipner & G. Gispert-Sauch.: The writings of Brâhmabandhab Upadhyâyâ. Bangalore 1991. Introduction XV

436   S. 248 ff.

liche Selbstbewußtsein. Eine kleine Schrift soll Aufschluß darüber geben, was sich die beiden Männer mit unterschiedlichen Zielen zu sagen hatten. Die vorliegenden Recherchen haben zumindest eine Mitteilung Gândhis über das Treffen mit Sundar Singh ergeben, das bei Gândhi offensichtlich keine allzu große Resonanz hinterließ; denn alles andere lag in Gândhis Interesse als dem Christentum in Indien Zugang zu verschaffen. In einem persönlichen Brief an Heiler gibt er kurz über sein Treffen mit Sundar Singh Auskunft.[437] Sundar Singh selbst hatte von Gândhi eine hohe Meinung und stimmte mit ihm vor allem wegen der sie beide verbindenden indischen Mentitât überein.Ein indischer Christ schrieb über Gândhi sinngemäß: Obwohl Gândhi selbst nicht Christ war, so ist durch sein Werk Christus deutlicher geworden für die Christen in Indien. Gândhi hat auch das Neue Testament sorgfältig studiert."[438]

Mit Mahâtmâ Gândhi verbindet Sundar Singh das non violence-Prinzip, (ahimsâ d.i. Unschuld, Gewaltlosigkeit) das Charakteristische an Gândhis Glauben, in dem dieser den „einzig sicheren Weg zur Gotteserkenntnis" sieht.[439] Bereits für den Jainismus galt dieser alte Grundsatz aller indischen Hochreligionen, daß der Mensch keinem lebendigen Wesen Schaden zufügen soll.[440] „The follower of truth and non-violence will offer satyagraha against tyranny and win over the tyrant by love."[441]

„Wer non violent sein will, darf dem nicht zürnen, der ihn beleidigt. Darf ihm nichts Böses wünschen. Muß ihm Gutes wünschen. Darf ihm nicht fluchen. Darf ihm keinerlei körperliche Verletzung zufügen. Muß jede Bosheit ruhig hinnehmen, die sein Verfolger gegen ihn anwendet. So bedeutet non violence völlige Harmlosigkeit. Völlige non-violence ist völlige Abwesenheit von Übelwollen gegen alles, was lebt. [...] Non violence ist also in ihrer Anwendung Wohlwollen allem Leben gegenüber. Sie ist reine Liebe. Ich fand sie in den Schriften der Hindu, in der Bibel und im Korân. Non violence ist ein Zustand der Vollkommenheit. [...] Selbstüberwindung ist das Gesetz unseres Daseins. Höchste Vollkommenheit ist nicht zu erreichen ohne höchste Selbstüberwindung. Leiden wird also zum Wahrzeichen des menschlichen Geschlechts."[442] Sundar Singh, der dieses indische Axiom mit der Bergpredigt des Neuen Testamentes verbindet, gleicht auch in diesem Punkt Gândhi.

Der Unterschied zu Gândhi: Gândhi bleibt orthodoxer Hindu: „[...] kam mir noch deutlicher als je zum Bewußtsein, daß ich wirklich, wie ich immer behauptet, ein Sa-

---

437   vgl. den engl. Text und Brief an Heiler hierzu im Appendix

438   Söderblom, N.:Sundar Singhs budskap. Stockholm 1923. S. 252

439   Gândhi, M.: Jung - Indien. Aufsätze aus den Jahren 1919-1922. S. 466; Botschaft Gândhis. S. 138

440   ebd.

441   The collected works of Mahâtmâ Gândhi. Bd. XIII 1915-1917. S. 92

442   Gândhi, M.: Jung - Indien. Aufsätze 1919-1922. München / Leipzig 1924. S. 39-41

natani-Hindu bin (sanatana=ewig)."⁴⁴³ „Ich habe immer den Anspruch erhoben, ein Sanatani-Hindu zu sein." Anders Sundar Singh. Er konvertiert zum Christentum und verhält sich ausgesprochen a-politisch. Ein Zitat aus der Sekundärliteratur belegt seine unpolitische Haltung: „Er selbst liest nur selten Zeitungen. Er sagt, erstens habe er keine Zeit dazu und zweitens beschäftige er sich nicht mit Politik."⁴⁴⁴

AMBEDKAR

Mit seinem indischen Zeitgenossen B.R.Ambedkar, dem Politiker, Sozialreformer und Religionsphilosophen, für den als Angehörigem der untersten Kaste der Unberührbaren dessen Herkunft zur Triebfeder seines Handelns und seiner Beschäftigung mit der Religionsfrage wurde, hat Sâdhu Sundar Singh nichts gemeinsam. Sundar Singh kommt aus entgegengesetzten Verhältnissen und strebt ein völlig anderes Ziel an. Ambedkar, der den polytheistischen Reformhinduismus Gândhis kritisiert, lobt das Sozialverhalten der Sikhs⁴⁴⁵ und erwägt, zur Religionsgemeinschaft der Sikhs zu konvertieren. Eine monotheistische Religion wie der Sikhismus müßte auch auf gesellschaftlichem Gebiet solidarische Züge aufweisen. Jedoch vollzieht Ambedkar den Schritt, zur Religion der Sikhs zu konvertieren, nicht – gerade wegen der gesellschaftspolitischen Problematik – obwohl er sich dieser monotheistischen Religion des indischen Kulturkreises zunächst zuwendet – von der sich, wie sich ja im Lebensweg Sundar Singhs erweist, dieser letztlich auch abwendet – konvertiert schließlich nach Ablehnung des Reformhinduismus Gândhis⁴⁴⁶ und Überprüfung der anderen in Frage kommenden indischen Religionen wie Jainismus⁴⁴⁷ und Islâm zum Buddhismus, wird Neo-Buddhist, nachdem für ihn auch das Christentum nicht in Frage kommt, wobei die Einstufung des Christentums für ihn als „Fremdreligion" abgelehnt wird.⁴⁴⁸

Ambedkars Auseinandersetzung mit Gândhi – beide Politiker – ist völlig konträr zu Sundar Singhs dreitägigen Begegnung mit Gândhi, die (wie a.a.O.erwähnt) vor seiner Europareise stattfand und weiter keine politischen Folgen oder sonstigen Konsequenzen hatte.

---

443   ebd. S. 345 und S. 271

444S   treeter, B.H. & Appasamy, A. J.: Der Sâdhu. S.81

445   Jürgens, B. S.: B.R. Ambedkar - Religionsphilosophie eines Unberührbaren. Diss. Frankfurt 1994. S. 80

446   ebd. S. 60

447   Der Jainismus, erwiesenermaßen eine ältere Religion als der Buddhismus, ist , wie dieser eine atheistische Religion, die, wie er, das Dasein Gottes leugnet, sich in der Minderheit befindet wie der Parsismus und kraft seiner geistigen, ideellen Werte, seiner religionsphilosophischen Bedeutung wegen auch zu den großen Weltreligionen gehört

448   ebd. S. 86 ff.

RABÎNDRANÂTH TAGORE

Als der bengalische Denker, Dichter und Musiker Rabîndranâth Tagore[449] sich in Uppsala aufhält – eine Gemeinsamkeit mit Sundar Singh – führt Söderblom auch ihn in den Dom und lädt ihn ein, mit ihm vor dem Altar zu beten, wie er das bei seinen christlichen Freunden zu tun pflegte. Tagores Auffassung vom Wesen des Evangeliums machte auf ihn mehr Eindruck als die Auffassung der meisten Christen. Söderblom vergleicht Sundar Singh mit R. Tagore, der viel exotischer aussah als Sundar Singh. Tagore meinte, daß er im Norden wie auch in Paris und Berlin viel weniger Aufmerksamkeit erlebte als in England und Amerika.[450] Über ein Treffen zwischen Tagore und Sundar Singh erzählt Söderblom nichts.

R. Tagore, der (wie Sundar Singh) Schweden besuchte, erlebte dabei noch deutlicher, daß Indien und die westliche Welt einander brauchen. Vorher war er beeindruckt vom angelsächsischen Einfluß durch seine Reisen nach England und Amerika. Erst als er Schweden und danach auch Frankreich und Deutschland besuchte, lernte er eine Welt kennen, die ihm vorher unbekannt war. R.Tagore ist gegen Gândhi in der Frage der Patriotismus. Politische Freiheit ist, sagt Tagore, nicht das Wichtigste. Nationalismus sei immer der Teufel der Zeit. Tagore will nicht, wie Gândhi, ein indisches Bewußtsein schaffen, das zur Befreiung der Nation führt. In diesem Text ist nicht herauszufinden, was sich Tagore eigentlich konkret vorstellt. Es handelt sich bei ihm um Ideale, aber um menschliche und nicht um nationale. Bei Tagore gibt es keine konkrete Konklusion. Söderblom weist auch darauf hin, daß sich bei der Vergabe des Nobelpreises an Tagore viele Stimmen kritisch geäußert haben. Er erschien 'nebelig' und konturlos.

Über Sundar Singh äußert sich Tagore mit großer Bewunderung. Er betont dessen missionarische Lebensaufgabe, weil Sundar Singh ein für ihn freier Mann ist."[451]

Wie sich gezeigt hat, sucht auch R. Tagore den Kontakt mit dem Westen, wie Sundar Singh, um sich einen Eindruck westlichen Denkens, westlicher Religiosität zu verschaffen. Tagore ist, wie Sundar Singh, ein Mann des Gebets, teilt jedoch nicht mit ihm die tiefe Verehrung für Jesus. R.Tagore, der in die Fußstapfen seines berühmten Vaters D. Tagore[452] trat, gehört der Generation Sundar Singhs an. Dessen Vater, Devendranâth Tagore, als 'mahârsi' bezeichnet, genießt den Rang eines „großen Sehers"[453] Heiler hält ihn für die größte religiöse Persönlichkeit Indiens im 19. Jh, der, wie Sundar Singh, im ständigen Umgang mit der göttlichen Wirklichkeit stand. Im

---

449   früherer Freund und Mitarbeiter von Brâhmabandhab Upadhyâyâ; vgl. Schweitzer, A.: Die Weltanschauung der indischen Denker. S.190 ff.

450   Söderblom, N.:Sundar Singhs budskap. S. 135

451   Söderblom, N.:Sundar Singhs budskap. Stockholm 1923. S. 254 - 262

452   s. a. a. O. später im Zusammenhang mit der Gemeinde "brâhmo samâj"

453   Heiler, F.:Christlicher Glaube und indisches Geistesleben. S. 11

Gegensatz zu diesem hält jener (Tagore) das Christentum für überflüssig, zitiert nie das Neue Testament; seine Bibel sind die vedischen Upanishaden.

RÂMAKRISHNA / VIVEKÂNANDA

Râmakrishna [454] und dessen bedeutendster Schüler Svamî Vivekânanda [455] sind aus dem neu-hinduistischen Denken nicht wegzudenken. Beide erfahren, wie auch Sundar Singh, die Ekstase, stellen jedoch über sie als letztes Kriterium für die Beurteilung geistiger Dinge das ethische Denken [456] Zu D.Tagore, Keshab Chandra Sen, Dayânand Sarasvatî tritt Râmakrishna in keine nähere Beziehung. Nach A. Schweitzer begnügen sich Râm Mohan Rai, D. Tagore, Keshab Chandra Sen, Dayânand Sarasvatî, Râmakrishna und Vivekânanda damit, die hinduistische Weltanschauung weiter auszubauen, ohne sie sachlich zu begründen. Es gelingt ihnen nicht, sich von den tradierten Überlieferungen freizumachen. Sundar Singh erwähnt A. Schweitzer nicht.

3. WIE SIEHT DIE INDISCHE BEVÖLKERUNG SÂDHU SUNDAR SINGH?

Nach Schaerer, der ihn als „Bannerträger des Evangeliums im eigenen Volke" bezeichnet,[457] verstand es Sundar Singh, was vor ihm keiner zustande gebracht hatte, das Interesse seines eigenen indischen Volkes für das Christentum zu erwecken.[458] Durch sein Beispiel und durch seine Predigten,[459] zu denen die Leute von weit her strömten, fand er die für Inder ansprechendste und überzeugendste Form, die die europäischen Christen vor und zu seiner Zeit nicht schafften, wofür Ambedkar, trotz des immensen Aufwandes an Geldern und Missionaren als Ursache die seiner Ansicht nach vorwiegend mangelnde Einstellung der Christen auf die indische Mentalität verantwortlich macht.[460] Sundar Singh selbst sah für sich als elementare Bedingung und Chance, Indien zu christianisieren, darin, als Inder vor Indern aufzutreten, d.h. im Gewand eines

---

454 1834-1886; nach der Enzyklopädie der Philosophie. S. 274: *1836 - sein eigentlicher Name ist Gadadhar Chatterji; vgl. Schweitzer, A.: Die Weltanschauung der indischen Denker. S. 172 ff.

455 1862-1912; mit eigentlichem Namen Narendra Nath Datta; ebd. S.174 ff

456 vgl. Schweitzer, A.: ebd. S. 175 und 179

457 Schaerer, M.: Sâdhu Sundar Singh ein Apostel Jesu Christi in Indien. Gütersloh 1922. S. 95

458" Das safrangelbe Kleid, das dem Mann mit der schlichten, kristallklaren Frömmigkeit die verschlossensten Türen seiner Heimat öffnet..."; ebd. S. 87]

459 die er übrigens nie schriftlich festhielt; vgl. ebd. S. 73

460 Es mangele ihnen an einer gemeinsamen Gesprächsbasis: "[...] the Hindu speaks in terms of philosophy and the Christians speaks in terms of theology. There is thus no common ground for evaluation, or commendation or condemnation."Vgl. Jürgens, B.S.: B.R.Ambedkar. Religionsphilosophie eines Unberührbaren. Diss. S. 87 und Ambedkar-Ausgabe: Ambedkar, B.R.: Writings and Speeches. Education Department of Maharâshtra. Vol.1 bis 10. Bombay 1979-1991. S. 439

Sâdhu aufzutreten. Er war davon überzeugt, daß die Botschaft des Evangeliums von Indern nur in indischer Form vermittelt und angenommen werden könnte. Der kulturelle Graben zwischen der abendländischen christlichen Tradition und dem indischen Kulturkreis müsse überwunden werden. Die „neue Botschaft" könne auf diese Weise nicht vermittelt werden. Diese Form des Christentums könne sich in Indien nicht dauerhaft durchsetzen. Eine langfristige Fähigkeit des Christentums, sich in Indien durchzusetzen, beurteilt Ambedkar skeptisch.[461] Das Christentum ist allerdings, was belegt ist, sehr früh (im dritten Jh), nach Indien gekommen. Diese Christen nannten sich 'Thomaschristen'; die indische Thomaskirche leitete ihren Ursprung vom Apostel Thomas her, der angeblich in Südindien in der Umgebung von Cranagora gepredigt haben soll. Ende des 16.Jh.s wurden die Thomaschristen in Indien von portugiesischen Jesuiten für eine Union mit Rom gewonnen, trennten sich jedoch wieder von Rom und spalteten sich seitdem in drei Gruppen: die alte nestorianische Mar-Thoma-Kirche, die syrisch-jakobitische und die mit Rom unierte, welche die lateinische Liturgie in syrischer Sprache mit einheimischen Bischöfen zelebriert. 1918 legte Sundar Singh anläßlich eines Besuchs bei den Thomaschristen im Rahmen eines Konvents der syrisch-jakobitischen Kirche im nördlichen Travankore vor 20.000 Gläubigen Zeugnis ab für Jesus Christus und vor 32.000 Christen auf einer Flußinsel nahe bei Trivandram anläßlich eines Konvents der der Mar-Thomakirche. Er stellte an sie die Frage, warum in diesem Teil Indiens die frohe Botschaft Jesu so lange Zeit verschlossen blieb und erst durch fremde Missionare aus Europa und Amerika vermittelt werden mußte.[462]

4. HISTORISCHER ASPEKT

Für das, was Sundar Singh angebahnt hat, finden sich die Wurzeln bereits in der Mitte des 19.Jahrhunderts.

BRÂHMO SAMÂJ

Der Versuch, Hinduismus und Christentum zusammenzubringen, entstand schon früher, jedoch nicht lange vor Sundar Singh. Mitte der 40er Jahre im 19.Jh entstanden eine junge Bengalische Bewegung („young Bengal movement") und eine andere, bedeutendere Organisation mit sozio-religiösen Reformen – 'Brâhmo Samaj' – eine einflußreiche, liberale Bewegung im damaligen modernen Bengalen. Ihr Begründer Rammohan Roy[463] gründete diese Gemeinde 'the native church of India', wie sie sich auch nannte, als 'Brâhmo Sâbha' (Society of God) 1828/29 in Calcutta. Als Gründer und sozialer Reformer dieser religiösen Organisation brach er mit den Ritalopfern, der

---

461 Diss. Jürgens, B. S. ebd. S. 88 f.

462 vgl. Heiler, F.: Sâdhu Sundar Singh. S. 50 f. und Schaerer, M.: Sâdhu Sundar Singh. S. 88

463 1772-1833; abweichendes Geburtsjahr und Schreibweise: Râm Mohan Rai bzw. Râjâ Mohan Roy oder Râjâ Rammohan Roy, * 1774; vgl. Swâmi Nikhilânânda.: Vivekânanda. Leben und Werk. München / Engelberg / Schweiz 1972. S. 29-32; vgl. Schweitzer, A.: Die Weltanschauung der indischen Denker. S. 167 f.

Bilderverehrung und der Priesterherrschaft des orthodoxen Hinduismus und ermahnte seine Anhänger, sich „der Verehrung und Anbetung des ewigen, unergründlichen, unwandelbaren Wesens zu widmen, das der Schöpfer und Erhalter des Weltalls ist."[464]

DEVENDRANÂTH TAGORE

Devendranâth Tagore,[465] der – tief beeindruckt vom Bildungsideal des brâhmanischen Jesusjüngers Rammohan's – sich dieser brâhmanischen 'Gottesgemeinde' 1842 anschloß und damit ihr zweiter geistlicher Führer wurde, stand, nach Heiler, wie der Gründer der christlich-indischen Mischsekte 'Brâhmo Samâj' (andere Schreibweise: 'Brâhma-Samâj') unbewußt unter dem Einfluß des Christentums und der religiössittlichen Größe der Persönlichkeit Jesu, leugnete – zwar als großer Verehrer der Upanishaden – die Autorität der Veden, verwarf die Lehre der Wiedergeburt und des Karma und sah in einem rein geistigen Monotheismus Indiens ursprüngliche Religion. Unter seiner Führung wurde 'Brâhmo Sâbha' umbenannt in 'Brâhmo Samâj'.[466] Neben D. Tagore gehörte auch Keshab Chandra Sen (1814-1884), der den Riten und den Lehren des Christentums zuneigte, zu den hervorragenden Führern des Brâhmo Samâj. Stark beeinflußt von der westlichen Kultur hatte diese Bewegung ihre Wurzeln nicht, wie der traditionsgebundene Hinduismus, in den spirituellen Erfahrungen der Heiligen und Seher.

BRÂHMABANDHAB UPADHYÂYÂ

In der Mitte der 1860er Jahre begann das Theologische College (the United Theological College) von Bangalore mit dem Projekt, eine Bibliothek bzw. Buchhandlung (library) einzurichten, in der Bücher indischer, christlicher Theologen publiziert werden sollten, insbesondere Schriften von dem Bengalen Brâhmabandhab Upadhyâyâ (1861-1907). Sein ursprünglicher Name war Bhabanicharan Baerji (Brâhmabandhab=Theophilus).[467]

---

464   Er und Vivekânanda waren als Jugendfreunde Mitglieder der Gemeinde;Vivekânanda war Hindu; Râmakrisha Paramhas war Christ. Vgl. Heiler, F.: Christlicher Glaube und indisches Geistesleben. München 1926. S.10 f. und S. 95[4,5 u.6] mit Hinweis auf: Sivanâth Sâstri.: History of the Brâhmo Samâj. Calcutta 1911; The Complete Works of Râjâ Râm Mohan Ray. Calcutta 1880; The Autobiography of Mahârshi Devendranâth Tagore. London 1916

465   vgl. Schweitzer, A.: Die Weltanschauung der indischen Denker. S. 167 f

466   ebd.; vgl.Lipner, J. & Gispert-Sauch, G.:The Writings of Brâhmabandhab Upadhyâyâ. Introduction]

467   Julius Lipner & George Gispert-Sauch, S. J.: The writings of Brâhmabandhab Upadhyâyâ. The United Theological College. Bangalore 1991. In Zusammenarbeit von J. Lipner von der Universität Cambridge (Faculty Divinity University of Cambridge), der diesem Projekt eine neue wissenschaftliche Komponente verlieh, mit dem Institut für Religionsstudien (Institute of Religions Studies. Delhi. Vidyajyoti 1988

Er erhielt in den zurückliegenden Jahren zunehmende Bedeutung in der Entwicklung der indischen Theologie.

Upadhyâyâ, eines der Rätsel des modernen Indien, galt als religöser Reformer, politischer Aktivist und sozialer Kommentator, „a self-confessed 'Hindu-Catholic'"[468] Sein ebenfalls kurzes Leben von 46 Jahren umfaßt, gleich dem Sundar Singhs, eine der kreativsten Perioden in der indischen Geschichte, in der Indien eine im Aufbau begriffene Nation war. Einer der Unterschiede zu Sundar Singh – außer der Konfession – war wohl auch die Tendenz Upadhyays zur Lehre: Er publizierte sehr viel mehr als Sundar Singh, schrieb Bücher und Aufsätze, die bei uns erst seit kurzem zu lesen sind[469] Nach seiner Konversion zum katholischen Christentum kehrte er von Europa – wie Sundar Singh – nach Indien zurück. Im Punjâb, wo er sich vier bis fünf Jahre aufhielt, könnte er Sundar Singh getroffen haben.Im Unterschied zu diesem – kehrte er in einen Ashram zurück, wo er sich endgültig dem Hinduismus zukehrte – nicht Christ blieb, wie Sundar Singh. Brâhmabandhab Upadhyâyâ wurde nach indischem Ritus verbrannt – Sundar Singh nicht.

B Seine Bedeutung für heute

Moderne Inder sind gewiß geneigt, zuerst einmal an Mahâtmâ Gândhi[470] zu denken, wenn man sie nach den großen Indern unseres Jahrhunderts fragt und an die Wirksamkeit über die eigene Zeit hinaus denkt. Für junge indische Theologen der Gegenwart gibt es nur einen 'indischen Christen' in diesem Jahrhundert: Gândhi[471]: „Einer der christusähnlichsten Menschen der Geschichte"[472] Gândhi nennt man den Apostel des Friedens, Sundar Singh einen Apostel des Ostens und Westens, womit, wie wir inzwischen wissen, nicht der geographische Begriff gemeint ist.

Um Sâdhu Sundar Singh angemessen würdigen zu können, müssen wir auch danach fragen, was von ihm und seiner Botschaft in die heutige Zeit hineinreicht, welche Strömungen schon vor ihm waren, und wofür er selber der Wegbereiter wurde.

1. WAS WAR DAS BESONDERE AN SÂDHU SUNDAR SINGH?

Schon im Hinblick auf ein abschließendes Resumé soll nach der Besonderheit, nach der spezifischen Prägung durch Sundar Singh gefragt werden. Wodurch hob sich der

---

468 ebd. Introduction XV. R.Tagore beschreibt ihn so: 'He was a Roman Catholic ascetic, yet a Vedantin-spirited, fearless, self-denying, erudite and uncommonly influential"]. Eine Sundar Singh vergleichbare Person auf katholischer Ebene? Er war getaufter römisch-katholischer Christ und trug - wie Sundar Singh - die traditio- nelle gelbe Robe eines Bhiksu Sanyâsi (traditional Saffron robe of the Hindu sannyâsin); ebd. Introd. XXXV

469 s. vorliegende Publikation von 1991

470 an dem heute kein Christ mehr gedankenlos vorbeikommt

471 obwohl Gândhi doch Hindu war und Hindu blieb

472 Sequeira, A.Ronald.: Gândhi für Christen.Freiburg 1987. Einführung. S. 12

evangelische Hindu-Bettelmönch, der von keinem Geringeren als dem federführenden Erzbischof der protestantischen Kirche in Uppsala, N.Söderblom, an dem man bewundert, daß er den Glauben neu belebt,in die Nähe eines Heiligen[473] gerückt wurde, aus seiner Zeit heraus? Sundar Singh war weder Exeget noch ein Mann der Kirche. Er war kein Theologe in unserem Sinne – das Diplom, das er von der anglikanischen Kirche als Abschluß seines theologischen Seminars, das er vorübergehend besuchte, erhielt, das ihn befähigt hätte, von den Kanzeln der anglikanischen Kirche zu predigen, schickt er zurück; es ist bedeutungslos für ihn. Sundar Singh schloß sich weder einer Gemeinde noch irgendeiner Kirche als Institution an. Er hat mit Kirche nichts zu tun und brauchte diese nur, um Veranstaltungen zu organisieren. Er ist eine Persönlichkeit, die sich nirgends einordnen läßt. Das war die Schwierigkeit für die (westliche) Theologie seiner Zeit. Er verpflichtete sich niemandem, aber er weihte sein ganzes Leben dem Dienst Seines Herrn, Jesu Christus, in bedingungsloser Hingabe und Nachfolge.

Obwohl er, wie er selbst zugab, häufig Gesichte hatte, Visionen von anhaltender Dauer, für seine Umgebung unansprechbar, in denen ihm in übernatürlicher Schau Jesus Christus erschien und auch unzählige Heilige und Engel, und ihm die Himmel geöffnet wurden – Visionen supra-naturaler Natur, die in unserem abendländischen Sinne mystischen Charakter haben und in ihrer Erscheinungsform im europäischen Denken Mystikern zugesprochen werden – so kann Sundar Singh letztendlich doch nicht als Mystiker in dem Sinne, in dem wir Mystik verstehen, bezeichnet werden. Der Grund ist ganz einfach. Für den Inder gibt es das Wort, den Begriff 'Mystik' nicht. Indien kennt Mystik in verschiedener Weise, nur die Terminologie dafür existiert nicht. 'Sant'(=Heiliger) ist der analoge Begriff dafür. Heilige sind in Indien solche Leute, denen von ihren Mitmenschen der Titel 'Heiliger' gegeben wird (so wie es Söderblom – feinfühlend und indisch gedacht – als Europäer ausgesprochen hat, der Sundar Singh bereits zu Lebzeiten als 'Heiligen' bezeichnet hat).

Warum Sundar Singh sich 'Sâdhu' nannte, wurde im zweiten Kapitel beantwortet. Ergänzend sei an dieser Stelle hinzugefügt: Den Begriff des Sâdhu verbinden wir mit dem Merkmal der Askese. War Sundar Singh denn Asket? Streng genommen ist nur der Asket, der durch Askese seine Erlösung anstrebt; nicht in dem Sinne, daß er durch die Askese die Erlösung findet. Im Christentum geschieht die Erlösung durch Gnade. Im Hinduismus gibt es die Möglichkeit der Erlösung durch asketische Anstrengung. In Indien gibt es vier Stadien eines Lebensweges. Das war die traditionelle Auffassung. Diese hat sich heute aufgelöst.

1. Brâhmacarya   - ashram≡ dem Studierenden
2. Gruhasthra   - ashram≡ dem Haus- und Familienvater
3. Vânprastha   - ashram≡ dem Waldbewohner
4. Sanyâsa   - ashram≡ dem An-Gott-gewidmeten Einsiedler[474]

---

473 Söderblom, N.: Der evangelische Begriff des Heiligen, Antrittsrede in Greifswald anläßlich der Verleihung der Ehrendoktorwürde in Greifswald 1925

474 vgl. Varnashrama: Vierfache Einteilung der Gesellschaft nach Beruf sowie Lebensstadien. Gândhi, M.: Selected Works. VI Vii-x. S. 222

Bei Sundar Singh finden wir keine Lebenshaltung als Asket. Er nimmt asketische Übungen auf, aber nicht im strengen Sinne wie ein Yogi, durch yogische Praktiken wie samâdhi (Versenkung). Als ausschließlicher indischer Mystiker würde er Yogi gewesen sein und seine Erlösung selbst angestrebt haben. Als Konvertit zum evangelischen Christentum ergriff er Jesum und seine Gnadenverheißung, streifte die Unzulänglichkeiten, die ihm die indischen Religionen boten, ab. Als christlicher Mystiker vereinte er sich mit Christus. (Auf die Frage, ob er nicht heiraten wolle, gab er zur Antwort: Ich habe schon eine Braut: Christus.) Das Besondere seiner Mystik war das Merkmal der Christozentrik. Sein Wirken gleicht einer Ellipse mit zwei Brennpunkten:

1. den Stationen seiner Wirksamkeit nach dem Osten und nach dem Westen (geographisch gesehen als Erweiterung seines Kreises in seinem heimatlichen Umfeld)
2. einer inneren Bewegung, die sich aus seiner eigenen religiösen Kultur, seiner Herkunft ergibt und der daraus resultierenden Auseinandersetzung mit den vier großen Weltreligionen, die im Mittelpunkt seines geistigen Lebens standen; dem Hinduismus, dem Buddhismus, dem Islâm und seiner persönlichen Identifikation mit der christlichen Lehre.

Sundar Singh verdankt ja seine Anfangsschritte, daß er auf den christlichen Weg gekommen ist, der Presbyterianischen Mission in seinem Heimatort. Indem er diese kritisiert, in Frage stellt, nicht anerkennt, bleibt er nicht mehr der Missionsschüler, sondern tritt er selbst an die Stelle eines Missionars, schlüpft selbst in diese Rolle und verwirklicht auf diese Weise seine eigenen Vorstellungen von christlicher Mission. Zum Start Sundar Singhs gehört die europäische Missionsgeschichte. Er tritt gewissermaßen in ihre Fußstapfen, gibt seiner neuen Richtung jedoch, die er als Solist einschlägt, sein eigenes Gepräge und Profil. Er profiliert sich durch seine Einzigartigkeit, durch das Exemplarische seiner 'Mission', seiner 'Sendung' in alle Himmelsrichtungen. Vergleichbar dem Pfeil, der – von der Sehne des Bogens linear abgeschnellt[475] – in jede Richtung fliegt, in die er geschickt wird, sprengt und zerbricht er den indischen Kreis des ewigen Kreislaufs, den 'Missionsauftrag' Seines Herrn, Unseres gemeinsamen Herrn und Meisters erfüllend: 'Gehet hin in alle Welt und prediget das Evangelium allen Kreaturen!'

Aus dem asiatischen Rad wird eine europäisch gefärbte, asiatisch bleibende Kurve oder Gerade: Das indische Rad rollt sich auf, wird aufgeschnitten, linear – verwandelt sich in eine Linie mit dem Ziel: Jesus Christus.

Seine geistige Erfahrung und Erfassung des Christentums, die aufgrund seiner uns fremden Mentalität eine andere ist und sein muß als die unsrige, ist seine Botschaft an uns, sein ganz persönlicher Beitrag zum Verständnis des Christentums der anderen Hemisphäre. Nach Europa und dem Westen kam er, um Christen das Christentum zu bringen. Seine wiederholten Evangelisationsreisen nach Tibet sind als Versuch zu deuten, den Nicht-Christen das Christentum zu bringen. Es sollte nicht der Versuch gemacht werden, Sundar Singh in unser Denkschema zu bringen. Sundar Singh wurde

---

475 vgl. Herrigel, E.:ZEN in der Kunst des Bogenschießens. Bern. München. Wien 1986[26]

Christ, blieb jedoch Inder. So fremd uns in letzter Konsequenz indisches Denken, indische Spiritualität, indische Philosophie sein und bleiben werden, so unverständlich ist für den Asiaten Sundar Singh das europäische Christentum geblieben.[476]

Indische Philosophie ist ein transparenter, überzeitlicher Zusammenhang. Sundar Singh, ganz im Ewigen beheimatet, lebte in einer innigen Gemeinschaft mit seinem Erlöser: Buddhistische Versenkung, Nirvâna-Sehnsucht im christlichen Gewand, sprich in einer indisch gefärbten Seele?

2. WAS KÖNNEN WIR VON DIESEM UNGEWÖHNLICHEN CHRISTUSZEUGEN DER LANDSTRAßE LERNEN?

Zum einen können wir lernen, daß der zum Synkretismus[477] neigende Zug asiatischer-Religionen[478] dem europäischen Christentum etwas anzubieten und etwas voraus hat, was diesem fehlt, nämlich die Vermittlung des meditativen Erbes, das den asiatischen Religionen zu eigen ist. Seit der Neuzeit werden Religionen und philosophische Anschauungen als synkretisch bezeichnet, die sich aus Elementen ursprünglich eigenständiger Lehren zusammensetzen. Gemeint ist auch eine relativ unkritische Übernahme verschiedenartig philosophischer Lehren und ihre Verschmelzung zu einem neuen, inhaltlich nicht immer konsistenten Zusammenhang. Der Hinduismus z.B. entwickelt kein zusammenhängendes Lehrsystem; er zerfällt in sechs Schulen (Darshana). Alle späteren Formen sind Spielarten der sechs Darshanas. Weil sie die Autorität der Veden anerkennen, nennt man sie orthodox. Wir können zum anderen lernen,den aufgrund einer vordergründigen,unkritischen Infragestellung der uns seltsam, naiv, unverständlich und unaufgeklärt erscheinenden Frömmigkeit dieses Mannes sich uns logisch aufzwingenden Versuch, diesen Mann einordnen zu wollen, aufzugeben und die absolute Konsequenz in der Christusnachfolge dieses Christusjüngers und Apostels Jesu Christi zu erkennen, der Jesu Aufruf zur Nachfolge wörtlich genommen hat: „sequere me!" und Christus mit seiner indischen safranfarbenen Robe im wörtlichen Sinne (induere Christum) angezogen hat (als christlicher Sâdhu).

3. WELCHE POSITION BEZOG SUNDAR SINGH?

Sundar Singh bezog eine evangelische Position insofern, als er anstelle von Endlichkeit und Unendlichkeit, Illusion (*mâyâ*) und Wahrheit (*satyam*), Kreislauf (*samsâra*) und Erlösung (*mukti, moksa, nirvâna*) die evangelischen Begriffe von Sünde und Gnade (im lutherischen Sinne von 'sola fides') setzte und, um seinem Herrn und Meister ähnlich zu werden, Ihm nachzufolgen, Sein Kreuz und Leiden als Märtyrer (im mystischen Sinne) auf sich nahm. Erlösung geschieht für ihn nicht durch moksa oder nirvâ-

---

476 wie ja auch Gândhi: s. Appendix, Texte von ihm

477 von συνκρινειν = zusammensetzen

478 Hinduistische Religion ist Religion, die von anderen Religionen alles aufnimmt; es sind Religionen, an die wir nicht den Maßstab unserer eigenen, aus dem Intellekt verstandenen, Frömmigkeit ansetzen können

na im hinduistischen bzw. buddhistischen Sinne, sondern durch von Gott geschenkte Gnade. Er schrieb keine seiner Predigten auf, die er schlicht und in Gleichnissen gestaltete. Er entwickelte keine Lehre, sammelte keine Anhänger, predigte frei und unabhängig, nur Seinem Herrn und Meister verpflichtet. Er verkündete und wollte nicht bekehren. Er taufte nicht und zeigte eine enorme Scheu vor neugierigen Menschenmassen, denen er sich nur mit Mühe entziehen konnte. Die 'imitatio Christi' war ganz stark bei ihm ausgeprägt. Das reicht schon zu sagen, daß er doch Mystiker war.

Christliche Mystik hat zum Ziel die Nachfolge Christi. Sundar Singhs Merkmal ist die absolute Christusnachfolge im Sinne dieses Textes, der bei ihm Vollkommenheit erlangt: „Die Füchse haben ihre Höhlen und die Vögel ihre Nester; der Menschensohn aber hat keinen Ort, wo er sein Haupt hinlegen kann."[479]

Die Position, die Sundar Singh bezog, läßt sich nicht in ein philosophisches, auch nicht in ein religionsphilosophisches System bringen; diesem wissenschaftlichen Denken entzog er sich ganz. Seine Position läßt sich möglicherweise durch einige indische Wörter aus dem Sanskrit umschreiben, die zu seinen Losungsworten geworden sind:

1. „Mera kam munadi karna hai"; das bedeutet: „Meine Aufgabe ist die mündliche Verkündigung"[480]
2. „samadhi-ja"; das bedeutet: „aus der Versenkung geboren"[481]
3. „Šânti, šânti, šânti"; das bedeutet: „Friede, Friede, Friede"[482]
4. „savitarka savicâra dhyâna"; das bedeutet die indische Kunst des „erwägenden und überlegenden Sinnens" - „Wirklichkeit" = „Wahrheit"; das ≅ dem 'ens realissimum' = ' το οντωσ ον ' (der heilige 'Geheimname' für das göttliche Mysterium, wie der geheimnisvolle Terminus der Upanishaden lautet. Brhadâranyaka-Upanishad.[483]
6. „pravrajya"; das bedeutet: „Gang in die Heimatlosigkeit"

---

479   Luk. 9 V. 58 und Mt. 8 V. 20

480   aus: Urdu-Worte des Sâdhu. Parker,R.: Sâdhu Sundar Singh. Called of God. Madras 1924

481   aus: Sâdhu Sundar Singh.: Reality and Religion, Meditations on God, Man and Nature. London 1924

482   Sundar Singhs Lieblingswort, welches am Anfang und Ende aller Upanishadtexte steht

483A usdruck islâmischer Mystiker für die unendliche Gottheit, eingebürgert im Urdu und Hindustâni, der Muttersprache des Sâdhu

Zusammenfassende Schlußbetrachtung und Ausblick auf die interkulturelle Theologie

Nach 1945 bildet sich die Brücke zur Gegenwart. Wo bisher die Europäer das Sagen hatten, und Indien ihnen (sprich: England) das nachgebetet hat, was sie dem Kolonialland vorgebetet haben, bekommt Indien jetzt eigene, einheimische Theologen, Politiker und führende Männer wie Sundar Singh, Brâhmabandhab Upadhyâyâ, Mâhâtma Gândhi, B.R.Ambedkar, Sarvepalli Radhakrishnan, Rabindrânath Tagore u. a. Aus dieser Wirksamkeit hat sich die neue interkulturelle Religion entwickelt.

Um dieses neuen, eigenständigen Ringens um eine neue Politik und eine Erneuerung der Religion im eigenen Mutterland willen haben diese für Indien so bedeutenden Leute Großes geleistet. Gândhi und Ambedkar wirkten politisch; Sarvepalli Radhakrishnan ging es um eine Auseinandersetzung mit dem Neuhinduismus, R.Tagore setzte seine Akzente literarisch.

Um die Popularität des zu seiner Zeit gefeierten Konvertiten Sâdhu Sundar Singh ist es in unserer heutigen Zeit stiller geworden. Europa ist Indien zwar näher gerückt als vor 100 Jahren; die junge Generation besucht indische Ashrams, um eine zeitlang in ihnen zu leben; das Wort 'Guru' ist in vieler Munde, vielleicht nicht immer richtig verstanden. Jedoch was verschafft uns heute – drei Generationen später – noch den Zugang zu dem von seiner Zeit enthusiastisch gefeierten Mann? Wir kennen ihn nicht als Zuhörer, haben keine Erinnerung an seine Person, an sein Auftreten, an die Überzeugungskraft der machtvollen Schlichtheit seiner Rede, die für alle, die ihn erleben durften, offenbar und zweifellos den größten Eindruck machte. Was ist für uns zurückgeblieben von diesem eigenwilligen indischen Christuszeugen? Genügt es, seine Schriften zu kennen? Welches war denn sein Missionsprogramm? Das läßt sich bei Max Schaerer und all den anderen Autoren nachlesen, die über den sog.'Sâdhustreit' geschrieben haben.[484] Genügt es, überall in der Welt zu erzählen, daß Gott die Menschen liebt und Christus für uns gestorben ist?

In Indien wird das Fazit zur Person und Lehre Sundar Singhs vermutlich anders ausfallen – auf andere Weise zwiespältig – was man schon an der Reaktion aus den eigenen Reihen zu Beginn seines Auftretens im eigenen Land ablesen kann.

Zusammenfassend kann gesagt werden:

Die Recherchen für vorliegende Arbeit haben ergeben, daß das, was wir unter Mystik verstehen, in welcher Form auch immer, – und der Bereich der Mystik ist für den abendländischen Raum sehr komplex – für den indischen 'homo religiosus'nicht existent, daß für diesen der Begriff der Mystik ein Fremdwort ist. Analog zur mystischen Versenkung im abendländischen Sinne wäre allenfalls in der indischen Auffassung die Anwendung von Yoga zu verstehen, die dem hinduistischen Yogi die von ihm gesuch-

---

484   Schaerer, M.: Sundar Singh und Albert Schweitzer, zwei Missionare und zwei Missionsprogramme.Zeitschrift für Missionskunde und Religionswissenschaft. Zürich 1922

te Befreiung in Form von 'moksa' bringt, und dem buddhistischen Yogi diejenige in Form von 'nirvâna'.

Der Versuch, der im Kapitel 3 unternommen werden sollte, nämlich einen klaren und eindeutigen, beide Geisteshaltungen trennenden, Unterschied zwischen abendländischer Mystik und indischem Verständnis von etwas Analogem, jedoch nicht Gleichem, d.h.auf keinen gemeinsamen Nenner zu Bringendem, dem Yoga, herauszuarbeiten, soll hier an dieser Stelle noch einmal ausdrücklich betont werden.

An dieser Stelle muß einmal deutlich gesagt werden, daß die Gestalt dieses Mannes einen nicht zu unterschätzenden Wert als religionsgeschichtliches Beispiel für interkulturelle Theologie darstellt – für Indien, das erst eine junge eigene Kirche aufzuweisen hat, die mit Sundar Singh ihren Anfang genommen hat – für Europa und die westliche Welt als genuinen, spirituellen Beitrag, den Indien in der Person des Sâdhu beigetragen und eingebracht hat.

Es ist zunächst zu klären, wie sich die 'missionarische' Wirksamkeit Sundar Singhs weiterentwickelt hat. Schließlich wird die Herausforderung diskutiert, die für die Religionen der durch Sâdhu Sundar Singhs Wirken provozierten Fragen geblieben sind.

A Weiterentwicklung der Evangelisationsarbeit des Sâdhu

Wie geht sein Wirken weiter?

Das tempelartig auf einem Hügel mit Rundumblick angelegte Haus seines Vaters in Subathu, die letzte Wohnstätte Sâdhu Sundar Singhs vor seiner letzten Tibetreise und seinem Tode (s.Bilderanhang) ist heute zu einem Zentrum und zu einer Ausbildungsstätte nachrückender, junger Theologen Indiens geworden.

Nach Sundar Singhs eigenen Vorstellungen werden jetzt dort junge Inder theologisch ausgebildet und für ihre eigenen, zukünftigen Evangelisationsaufträge in Indien vorbereitet. Wunschgemäß zieht sein eigenes, von ihm begonnenes Wirken weitere Kreise für die Zukunft, dort, wo er selbst aufgehört hat zu wirken, in unmittelbarer Nähe seiner Herkunft.

Er, der außergewöhnliche Theologe, einer der ersten – vielleicht der erste – der jungen Kirche in Indien, der mit der von ihm vorgefundenen strukturierten Kirche nicht einverstanden, die Ordination und die Lizenz, in ihr zu predigen, ablehnte, brachte mit seinem Leben und Wirken zum Ausdruck, daß er eine neue Struktur der Kirche wollte. An dieser Interpretation ist zu erkennen, daß er Theologe ist. Und seine Auffassung von Theologie ist für Indien bahnbrechend und beispielhaft geworden. Das ist das Exemplarische an Sâdhu Sundar Singh.

Diese Tatsache war und ist im Sinne des Sâdhu, der den entsagungsvollen Weg des Wegbereiters einer neuen Richtung gegangen ist und somit zum 'Vorreiter'von etwas in Indien vor ihm noch nie Dagewesenen geworden ist: zum christlichen Sâdhu. Er war in der religiösen Vorstellungswelt des Hinduismus, speziell des Sikhismus, seiner Mutterreligion, so fest verankert und verwurzelt, daß er zwar durch seine entschiedene und mutige Konversion zum Christentum etwas für seine Zeit völlig Neues, Einmaliges riskiert und durchgeführt hat und einen Weg gegangen ist, den vor ihm noch nie ein Inder gegangen war:

Sundar Singh, der sich, nach Heiler, zur reinen Geistigkeit, zu überpersönlicher Objektivität und zur vollen Christlichkeit entwickelt hat, entgegen dem Pantheismus der Veden zur persönlichen Ich-Du-Beziehung zu Jesus Christus gelangt ist und damit ein Grundbekenntnis zu einem Gott ablegt, der sich selber schenkt, gibt uns ein Beispiel für den interkulturellen Verschmelzungsprozeß, wobei die Frage aufzuwerfen ist: Ist seine Mystik eine Mischung oder eine genuine fernöstliche?

Das ist nicht nur eine Frage, die Sâdhu Sundar Singh etwas angeht, sondern ein Problem von Leuten, die aus einem anderen Kontinent hier eingetaucht sind. Sind sie bei ihrer Religion geblieben? Wie die Antwort auf diese Frage aussieht, wissen wir jetzt.

B Herausforderung an die Religionen im Rahmen der interkulturellen Theologie

Da interkulturelle Theologie sich nicht im luftleeren Raum ereignet, kein Phantom ist – sondern stattfindet, wo immer fremde Religionen auftreten, aufeinanderstoßen und sich miteinander verbinden – kommt der interkulturellen Theologie unserer Tage eine besondere Verantwortung zu. Schon der begrüßenswerte Umstand, daß der antiquierte Begriff der 'Heidenmission' ausgedient hat und Nicht-Christen nicht mehr als minderwertige Menschen abgestempelt werden, beweist, daß gerade auf diesem Gebiet bereits Pionierarbeit geleistet wurde und, nach Söderbloms Ansicht, der Mission eine enorme kulturelle Bedeutung als „Botin des Friedens unter den Völkern" zukommt.[485]

Auch ein Papst Paul VI. und das II.Vatikanische Konzil haben den von dem schwedischen Erzbischof beschrittenen Weg mit seiner Aufforderung zum Dialog mit den nicht-christlichen Religionen beherzigt:

„Die Kirche muß von ihren Gegnern lernen, was Christentum ist."[486]

Namen wie Julius Wellhausen, Adolf Harnack, Wilhelm Herrmann, Rudolf Otto, Albert Schweitzer (Cousin J.P.Sartres), Dean William Ralph Inge und der französische Religionsforscher Alfred Loisy sind zu nennen, die sich um die interkulturelle Theologie verdient gemacht haben, und die Söderblom im Namen der Wissenschaftlichkeit und religiösen Freiheit hoch schätzte.[487]

Nicht zu vergessen Walter Hollenweger (mit drei Bd.über interkulturelle Theologie) Hans Küng oder Herwig Wagner, der mit seiner Studie über die Entwicklung der indischen Kirche einen beachtlichen Beitrag zum Thema gebracht hat seit Sâdhu Sundar Singh. Da ist doch schon viel passiert in den Bemühungen um gegenseitiges Verständnis seit Söderbloms Zeiten.

---

485   Söderblom, N.: Der lebendige Gott. Vorwort von Heiler. XXXV

486   ebd. Vorwort L

487   ebd. Vorwort XXVIII

Schließlich sei erinnert an die spezifischen Arbeiten und Publikationen von H.Bürkle[488] zum Thema 'Mission', die hier nicht angeschnitten werden sollen.

Die großen internationalen Zusammenkünfte der Weltkirchenkonferenz („international missionary conferences" which are studied are:")[489] zwischen 1910 und 1961 fanden statt in: Edinburgh (1910), Jerusalem (1928), Tambaram (1938), Whitby (1947), Willingen (1952), Ghana (1957-58) und New Delhi (1961).[490] Sie sind Ausdruck der Bestrebungen des interkulturellen theologischen Gedankens, daß alle Christen der Welt eins sind.[491] Die Reihe könnte weiterverfolgt werden bis hinein in die Gegenwart, was in der Diss.von T.Shivute zu studieren ist. Eine bedeutsame Entwicklung fand die Missionstheologie in der Studie von Tambaram 'The Christian Message in a non-Christian World'. Das Ergebnis dieser Studie, das hier nicht dargelegt werden soll, kulminierte anläßlich der Konferenz in New Delhi in der ultimativ gestellten Fragestellung: „'What is the meaning of the Christian Mission?' This question was both practical and theological, resulting in the integration of the IMC (The International Missionary Council) and the WCC (World Council of Churches)."[492] Was damit gesagt werden soll: Es würde den Rahmen dieser Arbeit sprengen, würde man anfangen, sich Gedanken darüber zu machen: Was will Mission? oder: Welche Aufgabe hat interkulturelle Theologie heute?[493]

Hollenweger, der fünf Leitsätze zur interkulturellen Theologie als Maxime stellt, nennt interkulturelle Theologie:

1. als diejenige wissenschaftliche theologische Disziplin, die nicht lediglich der Selbstrechtfertigung dient, sondern Offenheit gegenüber universalen Dimensionen zeigt.
2. Die Methoden zur Erreichung dieses Ziels seien auf Grund ihrer Tauglichkeit zu wählen.
3. Es wird der Vorschlag gemacht, nach alternativen Formen des Theologisierens Ausschau zu halten.
4. „Dieses Medium interkultureller Theologie schlägt Brücken, die die landläufige europäische wissenschaftliche Theologie noch nicht einmal ins Auge gefaßt hat."
5. Interkulturelle Theologie verlangt Kommunikation zwischen Sender und Empfänger. „Das, scheint mir, wäre der Weg, aus dem religiösen und akademischen

---

488   s.in dem Zusammenhang Bürkle, H.: Indische Beiträge zur Theologie der Gegenwart. Dialog mit dem Osten. Missionstheologie, um einige zu nennen

489   Shivute,T.:The Theology of Mission and Evangelism. Diss. Helsinki 1980. Abstract

490   Einzelheiten darüber lassen sich in dem neun Bde. umfassenden Bericht über die World Missionary Conference 1910 nachlesen

491   ebd. Vorwort XXXVII

492   ebd.

493   vgl. Hollenweger, W.:Interkulturelle Theologie. Bd. I-III.

Ghetto auszubrechen und nicht nur die Relevanz der Theologie für heutige Weltprobleme zu behaupten, sondern tatsächlich einsichtig zu machen."[494] Theologie in Europa steht im Rahmen dieses Themas nicht zur Diskussion, Mission nicht zur Debatte, sondern die Botschaft Sundar Singhs an uns. Da müßte der bei uns übliche Missionsgedanke einmal umgekehrt und gefragt werden: Was hat die Botschaft Indiens in der Gestalt des Sâdhu Sundar Singh uns hier im Westen zu sagen?

In Indien sind es zwei große Zusammenschlüsse verschiedener Kirchen, die die stärkste Verbindung zur Ökumene herstellen, CNI und CSI.[495] Es gibt nicht die eine oder die andere große Kirche dort, sondern es ist eine Zusammensetzung verschiedener Strömungen – ein Erbe hinduistischer Tradition, die viele Religionen nebeneinander geduldet hat? Das Christentum ist in Indien immer noch zu einem verschwindend kleinen Prozentsatz vertreten; jedoch hat es dort Fuß gefaßt – was absolut nicht ausschließliches Verdienst unserer westlichen Missionare – einschließlich unserer eigenen Vorfahren – war (die ebenso von Mordanschlägen bedroht waren wie auch Sundar Singh selbst), sondern spezifisch solcher Leute und Schlüsselfiguren bedurfte wie Sâdhu Sundar Singh.

Um die eingangs gestellte Feststellung einer neuen Frage- und Problemstellung angesichts der bisherigen, beachtlichen Literatur über Sâdhu Sundar Singh und die Forderung nach einer neuen Überdenkung der Christlichkeit der Kirche angesichts der zunehmenden Säkularisierung unser Zeit aufzugreifen und abzurunden, sei schließlich der Begriff 'Dialog' nur angeschnitten. Was meint 'Dialog mit dem Osten'? Gewiß ist damit nicht lediglich die ethymologische Bedeutung von 'διαλεγεσθαι' (=sich unterreden, unterhalten) gemeint. Dialog ist noch viel mehr als übliche Konversation. Der hinduistisch-christliche Dialog erfordert in seinem gegenwärtigen Stand beides, eine tiefe Erfahrung der eigenen Tradition und eine hinreichende Kenntnis der anderen Religion. Eine Gruppe von Experten[496] vergegenwärtigt uns genügend Informationen. Dialog in unserem Falle meint den Kontext des hinduistisch-christlichen Dialogs zwischen Experten und gewöhnlichen Leuten, Intellektuellen und Künstlern.[497]

„Die Diskussion ist keineswegs abgeschlossen. [...] Religion und Philosophie liegen im Hinduismus ineinander. Die Schriften Sri Aurobindos oder S.Radhakrishnans sind interessante Beispiele für den sie sowohl von östlicher wie auch von westlicher Tradition weiter bestimmenden Rahmen."[498]

Die Frage danach, was 'östlich' und was 'westlich' ist, könnte auch so beantwortet werden: Im Hinduismus wie auch im Buddhismus gibt es keine Nachfolge an einen Religionsstifter, weil die „Wirklichkeit" das allumfassende „Es" ist. Im 'Westen' liegt die

---

494   ebd. Bd.I. Das Problem. Dialogfelder. Grenzen. S. 33-51./ S. 51

495   vgl. aktuelle Tabelle im Appendix des Missionsseminars in Neuendettelsau

496e   inige Vertreter von diesen wurden a. a. O. genannt

497   vgl. Hollenweger,W.:Interkulturelle Theologie. Bd.I-III. Bd.I. S. 51

498   vgl. Boyd, Robert H.S.: Theologie im Kontext indischen Denkens. S. 77

Wahrheit, die „Wirklichkeit" in einem Gott als Person, einem „Du", und Nachfolge Christi bedeutet die Gesinnung, zu werden oder zu sein wie Christus. Die interkulturelle Theologie hat bewirkt, daß auch Indien inzwischen eine eigenständige, junge Theologie entwickelt hat. Als bedeutendem Repräsentanten, neben Sundar Singh selbstverständlich, sei in dem Zusammenhang noch einmal auf Brâhmabandab Upadhyâyâ und dessen Neuaufgreifen des Trinitätsgedankens – auf katholischer Seite – hingewiesen, der in einem Hymnus an die Trinität diese besingt:

A Canticle[499]: Our New Canticle
The canticle sings of the Father-God (Parabrâhman); the Logos-God (Sabda-Brahman) and the Spirit-God (Svasita-Brâhman), One in Tree, Three in One.
„I adore:
The *Sat* (Being),
Cit (Intelligence)[500]
and *Ananda* (Bliss) [...]
The Image of the Father, one whose form is intelligence, the giver of the highest freedom. One who proceeds from the union of Sat and Cit, the blessed Spirit (breath), intense bliss. [501]

Als bedeutendster Repräsentant eines christlichen Sâdhu – auf evangelischer Seite – wurde in dieser Arbeit Sâdhu Sundar Singh vorgestellt, der uns Europäern beispielhaft auf seine asiatische, östliche Art und Weise die Übereinstimmung von Leben und Glauben, von gelebtem Glauben an Jesus Christus, dem Sohn des Vaters und Hl. Geist, vorgelebt hat.

Sundar Singhs Botschaft an die östliche Welt meint die persönliche Erlösung durch Jesus Christus, die Bilder und pantheistische Unvollkommenheit nicht nötig hat. Sundar Singhs Botschaft an die westliche Welt beinhaltet die Aufforderung, das rein intellektuell verstandene, veräußerlichte, verwaltete Christentum ad acta zu legen, den inneren Reichtum der indischen Religionen durch die Fähigkeit wahrer Meditation und Spiritualität zu erkennen, die Botschaft des Christentums an uns neu sehen zu lernen, mit dem Vorbild dessen, der uns die 'imitatio Christi' exemplarisch vor Augen geführt hat mit seinem individuellen, spirituellen Beitrag als Inder zur interkulturellen Theologie, hineinreichend in unsere Zeit.

---

499   1897/1898

500   = im Sinne von Bewußtsein = consciousness

501   Oct.1898. 'Sat' als das Oberste Sein meint den 'Vater'; 'Cit' meint den 'Sohn'; 'Bliss' meint den 'Heiligen Geist'; Lipner, J. & Gispert-Sauch,G.:The Writings of Brâhmabandhab Upadhyâyâ. Bangalore 1991. S. 125/126. Upadhyâyâ's best known Sanskrit hymn and increasing popular in Indian Chrisitan circles in the present day. For a different translation and analysis, cf. G. Gispert-Sauch, S. J.: "The Sanscrit Hymns of Brâhmabandhab Upadhyâyâ" in Religion and Society. XIX (1972), pp. 66 ff.

Was bleibt als Forderung für den interkulturellen Verschmelzungsprozeß in dieser unserer stets sich wandelnden und ihr Gesicht verändernden Welt im Raum zurück? Ist die Entwicklung mit all ihren so beachtlichen Beiträgen denn nicht schon zufriedenstellend, maximal gelöst worden?

Die Zäsur in Indien brachte das Ende der Kolonialzeit und sollte uns zu denken geben mit der abschließenden Frage an uns selber, um die bei uns übliche Fragestellung (der Mission) einmal umzudrehen: Welche ist die Botschaft des Inders Sâdhu Sundar Singhs an uns europäische Christen? Was haben wir bisher von diesem heiligen Mann in seinem indischen Kontext, dem Gottsucher vom Scheitel bis zur Sohle,[502] gelernt – oder haben wir immer noch nichts begriffen von seiner Botschaft? Hinduistische Religion ist Religion, die von anderen Religionen alles aufnimmt. Sundar Singh, der geborene Sikh – im Spannungsfeld der beiden indischen Religionen des Sikhismus und des Hinduismus aufgewachsen, die den Hintergrund seiner Herkunft bilden – einer höheren Kaste entstammend als Ambedkar, setzte sich über das Kastenwesen hinweg, wurde *evangelischer Christ* und verkörperte in Indien und wo immer er war, inkulturiertes Christentum. Wie kann man inkulturieren, ohne zu missionieren? Sundar Singh hat missioniert. Er hat die Sünden erlösende Gnade gepredigt, die durch Jesus Christus kommt und nicht durch Selbsterlösung, die im Synkretismus indischer Religionen eine entscheidende Rolle spielt. Die Aufgabe des Christentums dabei war: Das Christentum mußte sich abgrenzen gegen den hinduistischen Synkretismus.. Die Lehre mußte originär christlich bleiben. Zwischen Inkulturation und Synkretismus besteht ein entscheidender Unterschied. Und dieser ist uns westlichen Christen – und dieses sei immer wieder betont – *exemplarisch, beispielhaft* vor Augen geführt.[503]: Im Synkretismus verschmelzen die Religions- und Philosophiesysteme miteinander, die Inkulturation bewahrt den originären Kern der jeweiligen Religion. Im Blick auf das in Zukunft Nötige bleibt für den christlichen Westen die Fragestellung offen, mit der diese Arbeit abgeschlossen werden soll.:

Bleibt der Himmel geschlossen? Was für ein Verlust an Religiosität ist die gegenwärtige Bilanz für Europa? Was bedeutet uns heute hier im Westen diese indische Gestalt von Heiligkeit?

Eine mögliche Antwort findet sich im *Dialog mit dem Osten*:

„Aus der Religion der Hoffnungslosigkeit ist eine Botschaft der Hoffnung geworden, die den einzelnen zum Träger einer Sendung an die Welt werden läßt."[504]

---

502 Zitat: "His one desire was to find God.": Andrews, C.F.: A personal memoir. London 1934. S.52. Chapt.II. The Search to God

503 "Aus der Religion der Hoffnungslosigkeit ist eine Botschaft der Hoffnung geworden, die den einzelnen zum Träger einer Sendung an die Welt werden läßt." Bürkle, H.: Dialog mit dem Osten. S.34

504 Bürkle, H.: Dialog mit dem Osten. S. 34

Ein Karl Rahner hätte diesen *'Rufer in der Wüste'* vermutlich noch am ehesten verstanden, der in seinem letzten Interview kurz vor seinem Tod auf die Frage nach der Zukunft der Kirche sinngemäß geantwortet haben soll:

„Man begieße nicht die Wüste mit einer Gießkanne, sondern sorge für eine Oase." – „Der Fromme von morgen wird ein Mystiker sein, einer, der etwas 'erfahren' hat – oder er wird nicht mehr sein."[505]

Die Zukunft ist jetzt, schreibt Krishnamurti, ein Philosoph unseres Jahrhunderts.

„Radhakrishnan sieht in seinem Verständnis der Mystik so etwas wie einen gemeinsamen Nenner aller religiösen Erfahrung schlechthin."[506] [...] „Die Mystik ist die Religion par excellence."[507]

Nach dieser These ist Sâdhu Sundar Singh als einer der ersten, maßgeblichen Theologen der eigenständigen jungen Kirche in Indien anzusehen: ein hervorragendes Beispiel für einen asiatischen Mystiker christlicher Prägung, dem es gelungen ist, das Christentum exemplarisch zu leben, es in vorbildlicher Weise in das Zentrum seiner östlich geprägten Wirksamkeit zu stellen, eine wandelnde Verkündigung Christi – ein genuiner Theologe Indiens par excellence.

---

505   Rahner, K.: Schriften zur Theologie.Bd.7. S. 22. Einsiedeln 1966

506   Bürkle, H.: Dialog mit dem Osten. S. 98

507   Religion und christlicher Glaube. S. 130

Verzeichnisse

LITERATURVERZEICHNIS

I. Quellen

1. Sundar Singh, Sâdhu — Zu des Meisters Füßen, Sâdhu Sundar Singhs Botschaft, Stuttgart 1923
2. Sundar Singh, Sâdhu — Gotteswirklichkeit, Hamburg 1924
3. Sundar Singh, Sâdhu — Reality and Religion, London 1924
4. Sundar Singh, Sâdhu — The Search after Reality, Thoughts on Hinduism, Buddhism, Muhammadanism and Christianity, London 1925
5. Sundar Singh, Sâdhu — Das Suchen nach Gott, Gedanken über Hinduismus, Buddhismus, Islâm und Christentum, München 1925
6. Sundar Singh, Sâdhu — Gesichte aus der jenseitigen Welt, Aarau 1934
7. Sundar Singh, Sâdhu — Gesammelte Schriften, München 1946 Stuttgart 1993[12]

II. Sekundärliteratur

1. Andrews, C.F — Sâdhu Sundar Singh, A personal memoir, London 1934 Charles Freer
2. Andrews, C.F — S. Radhakrishnan, Mahatma Gandhi, London 1949
3. Appasamy, Ayadurai, Jesudasan — Sundar Singh, A Biography, London 1958
4. Augustinus — Opera Omnia Sancti Aurelii Augustini Hipponensis Episcopi, Turnholti/Belgium 1865, Bd.3: De vera religione
5. Boyd, Robin, H.S. — An Introduction to Indian Christian Theology, New Delhi 1991[5] (1969,1975,1979,1989,1991)
6. Coward, Harold — Hindu-Christian dialogue.Perspectives and Encounters N.Y.1989
7. Dev, Shankar Shrikrishna — Salip Shridasbodha, Bombay 1978[10].

8.	Bürkle, Horst	Dialog mit dem Osten, Stuttgart 1965
9.	Bürkle, Horst	Indische Beiträge zur Theologie der Gegenwart, Stuttgart 1966
10.	Bürkle, Horst	Einführung in die Theologie der Religionen, Darmstadt 1977
11.	Bürkle, Horst	Missionstheologie, Stuttgart 1979
12.	Bürkle, Horst	Grundwerte menschlichen Verhaltens in den Religionen Religionswissenchaft Bd.6, Frankfurt/Main 1993
13.	Clemen, Carl	Die Religionen der Erde, München 1927
14.	Gândhi, Mâhâtma	Jung-Indien. Aufsätze 1919-1922, Zürich
15.	Gândhi, Mâhâtma	The collected works of Mâhâtma Gândhi, New Delhi 1884-1935 /Ahmedabad 1958-1974
16.	Heiler, Friedrich	Evangelisches Christentum und Mystik, München 1919
17.	Heiler Friedrich	cf. Singh Sundar An Prof.F.Heiler/Marburg, Brief Sundar Singhs und Heilers, Bamberg 1924
18.	Heiler, Friedrich	Sâdhu Sundar Singh, Ein Apostel des Ostens und Westens,[508] München 1924/1926
19.	Heiler, Friedrich	Apostel oder Betrüger? Dokumente zum Sâdhustreit, München 1925
20.	Heiler, Friedrich	Die Wahrheit Sundar Singhs, Neue Dokumente zum Sâdhustreit, München 27
21.	Heiler, Friedrich	Sâdhu Sundar Singh im Lichte neu erschlossener Quellen, Basel 1928
22.	Heiler, Friedrich	Die Mystik in den Upanishaden, München 1925
23.	Heiler, Friedrich	Christlicher Glaube und indisches Geistesleben, München 1926
24.	Heiler, Friedrich	Die Kontemplation in der christl.Mystik, Zürich 1933
25.	Heiler, Friedrich	Das Christentum und Religionen, München 1941, Speyer 1964
26.	Heiler, Friedrich	Urkirche und Ostkirche, 1937/1971
27.	Heiler, Friedrich	Die Ostkirchen, München,Basel 1971

---

508 Heiler,F.:Sâdhu Sundar Singh behauptete eine Zeitlang den Rang eines "Bestsellers" und wurde ins Schwedische,Dänische,Englische und Japanische übersetzt. Heute ist dieses Werk freilich fast ganz vergessen, außer in Indien, wo A. J. Appasamy (*1891), seit 1950 Bischof in der Kirche von Südindien, 1970 eine "erste indische Ausgabe" zu Lucknow eingeleitet hat.

28.	Hollenweger, Walter	Erfahrungen der Leibhaftigkeit, München 1979; Umgang mit den Mythen, München 1982; Geist und Materie, München 1988, Interkulturelle Theologie I,II,III
29.	Küng, Hans/van Ess, Josef	Christentum und Weltreligionen - Islâm München, Zürich 1994
30.	Jürgens, Bernd Sebastian	B.R.Ambedkar - Religionsphilosophie eines Unberührbaren, Diss. Frankfurt/Main 1994
31.	Lipner, Julius and Gispert-Sauch, George	The Writings of Brâhmabandhab Upâdhyâya,The United Theological College, Bangalore, 1991
32.	Müller, Wilhelm	Sundar Singh der Pilger, Stuttgart 1922,Basel 1925
33.	Nikhilananda, Swâmi	Vivekanânda, Leben und Werk, München/Engelberg/Schweiz 1972
34.	Otto, Rudolf	Urgestalt der Bhagavadgîtâ
35.	Otto, Rudolf	Tagore
36.	Otto, Rudolf	östl.-westl.Mystik
37.	Parker, Rebecca Jane	Sâdhu Sundar Singh Called of God,Madras 1918, 1919[2,3] 1920, 1924[5],1976
38.	Pfister, Oskar	Die Legende Sundar Singhs. Bern,Leipzig 1926
39.	Prager, Hans	Das indische Postulat, Zürich/Leipzig 1925
40.	Schaerer, Max	Sâdhu Sundar Singh Ein Apostel Jesu Christi in Indien, Gütersloh 1922
41.	Schmitz, Josef	Das Ende der Exportreligion, Düsseldorf 1971
42.	Schomerus, Hilko	Die Weltreligionen und das Christentum
43.	Schweitzer, Albert	Das Christentum und die Weltreligionen, München 1978
44.	Schweitzer, Albert	Die Weltanschauung der indischen Denker, München 1965
45.	Sequeira, A.Ronald	Gandhi für Christen, Freiburg 1987
46.	Shivute, Thomas	The Theology of Mission and Evangelism, Diss. Helsinki 1980
47.	Shing, Kirpal	The Jap Ji, The message of Guru Nânak, Concord, N.H. USA 1977[5]
48.	Smart, Ninian	Die großen Religionen, U.K.1977, München 1981
49.	Söderblom, Nathan Lars Olof Jonathan	Tiele-Söderbloms Kompendium der Religionsgeschichte, Berlin 1920[5]
50.	Söderblom, Nathan	Die Religionen der Erde, Tübingen 1919
51.	Söderblom, Nathan	Einführung in die Religionsgeschichte, Leipzig 1920

52.	Söderblom, Nathan	Evangelisk mystik i en indisk själ in Tre lifsformer: Mystik (Sundar Singh), förtröstan, vetenskap, Stockholm 1922
53.	Söderblom, Nathan	Sundar Singhs Budskap, Stockholm 1923
54.	Söderblom, Nathan	Der evang. Begriff eines Heiligen. Eine akadem.Vorlesung, Greifswald 1925
55.	Söderblom, Nathan	Der lebendige Gott im Zeugnis der Religionsgeschichte, München, Basel 1966
56.	Söderblom, Nathan; Heiler, Friedrich; v.Hügel, Friedrich	Briefwechsel 1909 - 1931, Paderborn 1981
57.	Soe, N.H.	Religionsphilosophie, Ein Studienbuch, München 1967; Kopenhagen 1955/[1], 1963/[2], dänische Originalausgabe
58.	Sundar Singh,Sâdhu	Aus seinen Reden in der Schweiz, Zürich 1922 (hsg.vom Schweizer Hilfskomitee für die Mission in Indien) Aus seinen Reden in Indien und Europa (hsg.von Friedrich Heiler)
59.	Streeter, B.H.,Appasamy, Ayadurai,Jesudasan	Der Sâdhu, Christliche Mystik in einer indischen Seele, (Mit einem Geleitwort von Nathan Söderblom) Stuttgart - Gotha 1922
60.	Stucki, Alfred	Sâdhu Sundar Singh Der indische Christuszeuge, Basel 1948
61.	Tagore, Rabindrânâth	Sâdhanâ, Der Weg zum wahren Leben, Freiburg i.Br.1960
62.	Underhill, Evelyn	Mystik. München 1928
63.	v. Glasenapp, Helmuth	Die fünf Weltreligionen, Düsseldorf 1963
64.	v. Glasenapp Helmuth	Indische Geisteswelt, Wiesbaden 1958
65.	v. Glasenapp, Helmuth	Die Philosophie der Inder, Stuttgart 1985/[4]
66.	Wagner, Herwig	Erstgestalten einer einheimischen Theologie in Südindien. Kritischer Beitrag zur Definition „einheimischer Theologie"
67.	Waldenfels, Hans	Religionen als Antwort auf die menschliche Sinnfrage, München 1980
68.	Winslow, J.C.	The Indian Mystic. Some Thoughts an Indians Contribution to Christianity London 1926

III. Nachschlagewerke

69. Religion in Geschichte und Gegenwart: Die Religion in Geschichte und Gegenwart — Handwörterbuch für Theologie und Religionswissenschaft, Tübingen 1962

70. KLL - Kindlers Literaturlexikon — Zürich 1984

71. WMC - World Missionary Conference, 1910 — 9 Bände, Edinburgh, London, N.Y., Chicago, Toronto
(To consider Missionary Problems in relation to the Non-Christian World)

IV. Zeitschriften

72.   Religion, A Journal of Religion and Religions Volume six, Part I, Spring 1976; Univ.Lancaster,Dept.Religious Studies, Lancashire,U.K.

73. Pfister, Oskar — Sundar Singh und Albert Schweitzer. zwei Missionare und zwei Missionsprogramme. Zeitschrift für Missionskunde und Religionswissenschaft. Zürich 1922

74. Sharpe, Eric J. — Sâdhu Sundar Singh and his critics:
an episode in the meeting of East and West. Religion. A Journal of Religion and Religions. Volume six. Part one. Spring 1976. S.48-66

75.   Arts & Humanities Citation, INDEX. 1975-1979 Permuterm Subject Index, Source Index, volume 10, page 23530 Philadelphia, USA

V. Indische Quellen

76. Anantharaman, T.R. — Die Bhagavadgîtâ, Stuttgart 1961

77. Reymann, Charlotte — Ramayâna, München 1962

VI. Religiöse Schriften

78.   Die Bibel, Einheitsübersetzung Stuttgart 1980 Freiburg/Basel/Wien 1991

79.   Aus Heiligen Schriften der Inder
I. Veda, die ewige Offenbarung
II.Mahabhârâtâ, Ramayana, Puranas, Tantras,die heilige Ueberlieferung

80. Trumpp, Ernst — The ADI GRANTH or The Holy Scriptures of the Sikhs, New Delhi $1877^1/1978^3$

REFERENZEN
ARTS & HUMANITIES CITATION INDEX, 1975-1979, Philadelphia, Pennsylvania, USA, 1987
1. Permuterm subject index Bd. 14, 26147
2. SOURCE INDEX   Bd.10, 23530 Institute for Scientific Information
   Stichwort: SUNDAR-SINGH, Sâdhu and his critics – episode in the meeting of east and west RELIGION(Magazine) 6 (SPR); p. 48 - 66 76 26 R (Referenzen)

Appendix

TEXTE UND BRIEFE

SCHLUSSGEDANKEN VON NATHAN SÖDERBLOM IN 'TRE LIVSFORMER. MYSTIK (SUNDAR SINGH) STOCKHOLM 1922. S.51 F.[SCHWEDISCHER TEXT]:

„Vi hava redan sett, att Sundar varken grundat eller vill grunda någon religiös sammanslutning omkring sin person. En verklig kristen är också för Guds herravälde i världen mera värd än någon organisation. Vilken betydelse Sundar äger och får såsom andling ledare och lärare skall jag icke försöka utrannsaka. Det är en vansklig uppgift. Föremål som stå oss nära i tiden bliva lätt förstorade.

Men om vi bortse från det inflytande Sundar Singh med sin kristusliknande personlighet och sin förkunnelse vunnit och i framtiden tilläventyrs kan vinna, så kvarstår i varje fall hans egentliga betydelse. Den ligger enligt min mening däri att han är typisk. Kanske har han såsom evangelisk-indisk mystiker många föregångare. Men vi känna dem icke. I religionens historia är Sundar den förste, som för hela världen visar, hur det goda budskapet om Jesus Kristus i oförfalskad äkthet återspeglas i en indisk själ. [Fn; Till Sundars biograf kunna både vi och Sundar lyckönskas. Så vitt jag vet är fallet enastående i religionens historia, att en originell och tjusande helgongestalt, redan omvävd av undertrons glitter, blivit under sin livstid föremål för en forskares metodiska granskning, en granskning och skildring, lika vetenskapling i sin oförvillade kritik som i sympati för sitt föremål. Canon Streeters i Oxford utgivna bok "The Sâdhu" (London Macmillan 1921) utkommer hoppas jag, snart på svenska. Den har utarbetats i förbindelse med en indisk lärd, Appasamy, och är ett mönster för en knapp, välordnad och uttrycksfull berättelse.]

Sundar besvarar en fråga, som kristna tänkare och andra hava gjort sig, allt sedan Indien på allvar inträdde i andlig växelverkan med Västerlandet: „Hurudan kommer Indiens kristendom att se ut, om överhuvud kristendomen i Indien blir något annat än en koloni eller flera kolonier, som de skilda kristna samfunden i Västerlandet genom missionen andligen förvärva och efter bästa förmåga forma efter sitt eget beläte?" Här är nu en indisk, själ, som, enligt vad vi sett, förblivid indisk, allt under det att han gått upp i kärleken till Kristus och tillägnat sig evangelium. Det är icke lätt att finna någon ens i Västerlandet, som grundligare införlivat Nya Testamentet och Psaltaren med sig själv än Sundar Singh. Det typiska och märkliga hos honom är icke en förmälning mellan kristet och indiskt, utan en för oss i åtskilliga stycken väckande och upplysande bekräftelse av äkta biblisk kristendom."

SCHLUSSWORT VON NATHAN SÖDERBLOM IN SUNDAR SINGHS BUDSKAP. STOCKHOLM 1923. S.285:

„Sedan jag sist skrev om Sundar Singh, har jag således förstått, att han, o- avsett hans ställning i evangeliets forsättning genom tiderna, har en säregen betydelse, såsom ingen annan före honom, för kristendomens och kyrkans historia i Indien."

IN GÂNDHIS 'COMPLETE WORKS' IST ÜBER SUNDAR SINGH ZU LESEN:

„Sâdhu Sundar Singh, it is there stated, made quite plain his profound diapproval of Mr.Gândhis method telling him in so many words that they can lead India to nothing but ruin and useless suffering."

MÂHÂTMA GÂNDHI ÜBER SÂDHU SUNDAR SINGH:

„I am sorry that the Sâdhu's name has been thus dragged into the controversy. [...] We had the closest communion. The Sâdhu came purposely to understand some things about which he had no first-hand knowledge. He did not know, for instance, what the implications of the Hindu-Muslim frindship were and where the minorities stood and whether the movement could remain non-violent to the end. We had long discussions over all these and other matters and he certainly left on me the impression that for a religious man there was no course left open. The greatest difficulty undoubtedly is about the mans keeping non-violent to the end. With men nothing may possible, for God nothing is impossible. I would fain have avoided nay reference whatsoever to our conversation. But the friends who have brought the matters to my notice tell me that Sâdhu Sundar Singh is on the waters and that the paragraph in questions is being exploited to wean Indians Christians from the movement. [...] But I felt that I could not withhold from the public what I knew about Sâdhu Sundar Singhs views."
[The collected works of Mâhâtma Gândhi.Delhi 1921-1922.Bd.XXII. S. 364]

204. LETTER TO FRIEDRICH HEILER

Ashram, Sabarmati,
March 27, 1926

„Dear friend,

I have your letter and the book for both of which I thank you. I am sorry I do not understand German myself but I shall try to understand your book through a friend. I am afraid I cannot give you a satisfactory reply regarding Sâdhu Sundar Singh. I had the pleasure of seeing him but once. At the request of a Christian friend I invited him to visit the Ashram and pass a few hours with us which he kindly did whilst on his way to Europe. But I made no enquiries about hi experiences nor have I ever felt the call to make such enquiries since.
Yours sincerely,"
Friedrich Heiler, esq.
Professor of Comparive Religion   (Mâhâtma Gândhi)
At the University of Marburg

From a photostat: S. N. 12435 [The collected works of Mâhâtma Gândhi. Delhi 126. Bd. XXX. S. 186]

76. HEILER AN SÖDERBLOM

Marburg/Lahn,9.December 1926

„Hochverehrter Hochwürdigster Herr Erzbischof,

[...] Er ist ein Gegenstück von Sundar Singh. Während Sundar Singh den mystischen Typ im indischen Christentum ausprägt, stellt Christânanda (welch schöner indischer Name) den prophetischen Typ dar.[...]

Ihr stets dankbar ergebener
Friedrich Heiler

85. HEILER AN SÖDERBLOM. Aus Assissi schreibt Heiler an Söderblom:

Assissi, 24.September 1928

„Hochverehrter Herr Erzbischof,
aus der Stadt Poverello [...]
Sorella Maria, die „soror minor" ist mit Sundar Singh und Gândhi befreundet.[...]

Friedrich Heiler"

92. HEILER AN SÖDERBLOM

Florenz, 20.April 1931

„Hochverehrter Herr Erzbischof,

[...] Habe mich in der Nähe von Assisi im Kreise urfranziskanischer Schwestern, die nach der Regula prima des Poverello leben, gut erholt und kehre jetzt wieder an meine Arbeit zurück. Sorella Maria , die „soror minor" dieser kirchlich sehr suspekten Schwesternschaft, die völlig evangelisch und ökumenisch denkt, und sich als „pancristiana" bezeichnet, ist neben Sundar Singh die größte religiöse Persönlichkeit, mit der ich je in Fühlung kam. An ihr wurde mir klar, wie evangelisch Franziskus selber war.

Ihr stets dankbarer
Friedrich Heiler"

◊ 86. HEILER AN SÖDERBLOM: <u>ZUM SÂDHUSTREIT</u>:

Marburg, 19.November 1928

„Hochverehrter Hochwürdigster Herr Ezbischof,

[...] Nach meiner Rückkehr mußte ich leider eine Rechtfertigungsschrift für meine Fakultätskollegen abfassen, da mich diese wegen der neuesten Schmäh- und Verleumdungsschrift Pfisters gegen den Sâdhu und mich (die Haas in Leipzig in seiner Zeitschrift herauszubringen sich nicht scheute) zur Verantwortung zogen, es scheint jedoch, daß jetzt wenigstens ein Teil sich beruhigt hat. [...]

Ihr aufrichtig ergebenster
Friedrich Heiler"

ZUM BEGRIFF DER MYSTIK - EIN EXKURS MIT BEISPIELEN

Die Mysterienreligionen weisen eine «κλιμαξ» auf

1. «καθαρσις» (Läuterung) 2. «εποπτεια» (Schau) 3. «ενωσις» (Einigung)[509] Thomas von Aquino definiert Mystik als „cognitio Dei experimentalis".[510]

Die Geschichte der abendländischen Mystik - die hier nicht von Interesse ist - mit einer Ausnahme, auf die im Folgenden eingegangen werden soll reicht über Platon (†347 vC), Plotin (†270 nC), die großen Lehrmeister der christlichen Mystiker, und Augustinus, von dem gerade die abendländische Frömmigkeit gelernt hat, was mystische Kontemplation[511] ist. Die äußeren Voraussetzungen für eine vita contemplativa[512] schuf das christl. Mönchtum. Sein Ideal war das engelsgleiche Leben «επιγειος αγγελος», d.h. ein Leben im steten Gedenken Gottes «μνημη θεου». „Hat nicht ein Mönch", fragt Sâdhu Sundar Singh, „die *Nachfolge Christi* geschrieben, die Unzähligen ein unschätzbarer Führer geworden ist?"[513] Die Auffassung, daß die im Kloster lebenden Mönche nur sich selber lebten und der Welt keinen guten Dienst erwiesen, kann Sâdhu Sundar Singh nicht nachvollziehen[514].

In der außerchristlichen Mystik erscheint die Seele zumeist als Monade. Der Meister der außerchristlichen Mystik, Plotin, schließt seine Enneaden mit den Worten: „φυγη μονου προς μονον " «Flucht des Einsamen zum Einsamen»[515] Auch das liturgische Gebet trägt ausgesprochen kontemplativen Charakter.[516] Das Christentum ist in der Anlage eine kontemplative Mystik. Nur leben es die meisten Menschen nicht so. Der individuelle Mystiker geht in dreifacher Weise über die Gemeinschaftsmystik[517] hinaus:

1. macht er sich das kontemplative Erlebnis reflektierend bewußt,
2. pflegt er die Kontemplation systematischer und bedient er sich einer Meditationstechnik,

---

509 vgl.Heiler,F.:Die Kontemplation in der christlichen Mystik.Vortrag.Zürich 1933. S. 255 f.

510 ebd.

511 contemplare = anschauend betrachten

512 Als Verfasser der Schrift 'De vita contemplativa' gilt Philo von Alexandrien, +40 nC

513 St & Appasamy S. 72/73

514 ebd.

515 H 2.Vortrag S. 276

516 s.auch 'kâbôd', 'δοξα', 'gloria'

517 s. III 4.

3. entfaltet er eine außergewöhnliche Intensität des kontemplativen Lebens und steigert es häufig zu ekstatischen und visionären Erlebnissen. Die Kontemplation, als Teil der „Erleuchtung " «via illuminativa» im Übergang zur Endstufe der „Einigung" «via unitiva» hat zur Vorraussetzung das, was die griechischen Tragödiendichter Aischylos, Sophokles und Euripides «καθαρσις» nennen würden.

Die Kontemplation des ewigen, jenseitigen Gottes ist nur möglich bei einer unaufhörlichen Loslösung vom eigenen begrenzten Ich. Das individuelle Ich muß einem höheren, gotterfüllten Selbst Platz machen. Drei Maximen «consilia evangelica», nämlich Armut, Keuschheit und Gehorsam bilden die Grundlagen des christlichen Mönchstums im Abendland. Und Sâdhu Sundar Singh ist christlicher Mönch - aber als Asiate. Auch für ihn gelten diese Maximen.

Die 'via purgativa' der Askese führt hin zur 'via illuminativa' der Betrachtung und Beschauung. Der erste Akt der Erleuchtung ist also die 'introversio', die Wendung nach innen, Konzentration nach innen. Die Kehrung nach innen bedeutet das Hinabtauchen in den göttlichen Grund der Seele. Weil die Seele geschaffen ist nach „Gottes Bild und Gleichnis", darum spiegelt sie, geläutert, die Herrlichkeit und Liebe des Schöpfers wider.

Die großen Mystiker mahnen immer wieder zur inneren Einkehr, wie z.B.Augustinus: „Redi intemetipsum, in interiore homine habitat veritas"[518] Im Innersten erfährt der Mystiker die Gegenwart des unendlichen Gottes. Die innere Leere «hier ist nicht die buddh.Leere gemeint» füllt sich in der Betrachtung und mystischen Versenkung mit einem konkreten Inhalt, nicht mit nichts.

Als wichtigste Quelle dient dem christlichen Mystiker die heilige Schrift.Weil ihre Verfasser sie geschrieben haben „getrieben vom hl.Geist",[519] muß die Lesung 'im Geist' geschehen.

Dieser Exkurs ins abendländische Denken sei gestattet, obwohl der Gegenstand dieser Arbeit kein abendländischer Mönch, Philosoph oder Theologe ist, sondern ein indischer Sâdhu, und wir in der Religionsgeschichte selbstverständlich zwischen der Mystik des Abendlandes und er fernöstlichen Mystik unterscheiden müssen.

Zur weiteren Begriffsbestimmung der Mystik sei gesagt: Mystik ist der Versuch, Gottheiten oder andere transzendente Gegebenheiten direkt zu erfahren, sich mit diesen durch geistige Konzentration, Meditation oder Ekstase unmittelbar zu verbinden, d.h.zu vereinigen.[520] Das Mystische ist das Dunkle, Geheimnisvolle. Das Geheimnis ist gerade das Erleben des Mystikers. Mystik wird auch das Reden von einem Erleben genannt,das unsagbar ist. Bei Martin Buber finden wir dieses Reden in den „ekstati-

---

518   H Aufsätze S. 303

519   2. Petr. 1 V.21

520   Wörterbuch der Philosophie S. 168/69

schen Konfessionen" der Mystiker[521]. Ist das Erlebnis selbst unaussprechbar, so ist es doch denkbar; es gibt sogar eine Anleitung, das Mystische zu erfahren. Das ist Mystik als Theologie und Philosophie. In der Mystik werden Gegensätze, Oppositionen, die gewöhnlicherweise das normale Bewußtsein und soziale Leben beherrschen, zum Einsturz gebracht. Mystik ist Praktik außerhalb des alltäglichen Lebens. Das ist der gemeinsame Nenner der Mystik der eleusinischen Mysterien der griechischen Orphiker bis hin zum „anderen Zustand" Ulrichs und Agathes in Robert Musils „Mann ohne Eigenschaften"[522]. Für seine „coincidentia oppositorum"[523] braucht der Mystiker einen Ort, d.h. einen Bewußtseinsraum, der außerhalb seines Alltags liegt. So zogen die Athener zur Ausübung ihrer eleusinischen Mysterien für mehrere Tage aus der Stadt hinaus in den Ort Eleusis. Die Adressaten der mystischen Lehren des Meisters Eckhart waren oft klösterliche Gemeinschaften.

Auch das trennende Prinzip kennt die mystische Sprache, den Gegensatz von Ich und Welt.[524] Im Prinzip zielt das mystische Erleben auf Vereinigung, auf Einheit (unio). Es richtet sich auf das Objekt, von dem oder durch das das Subjekt, das Individuum sich getrennt weiß. Gott ist als derjenige zu verstehen, der anders ist als das Subjekt.

Wohin das ekstatisch gewordene Subjekt, das aus seiner gewöhnlichen Alltags - Gedanken- und Gefühlswelt heraustritt, gelangt, zeigt Meister Eckhart an einem Beispiel auf, indem er die Trennung von Gott in der Gottesverehrung aufdeckt, in der, nach seiner Meinung, der Mensch sich selbst will:

„Drum wirf sie hinaus, alle Heiligen und Unsere Frau aus deiner Seele, denn sie alle sind Kreaturen und hindern dich an deinem großen Gott. Ja, selbst deines gedachten Gottes sollst du quitt werden [...] Gott ist nicht gut, ich bin besser als Gott; Gott ist nicht weise, ich bin weiser als er [...], Alles, was du über deinen Gott denkst und sagst, bist du mehr selber als er."[525]

Kant spricht über Mystik und „Mysticism" als einem „Übersprung von Begriffen zum Undenkbaren, einer Erwartung von Geheimnissen oder vielmehr Hinhaltung mit solchen"[526]. Der Romantiker unterscheidet zwischen wahrer und falscher Mystik. Hegel

---

521   Enzyklopädie der Philosophie, Augsburg 1992 231 f.

522   ebd.

523   Ineinsfallen der Entgegengesetzten; Nikolaus Cusanus. Nikolaus v.Kues ist es auch, der sagt, Gott ist ein Kreis, dessen Mittelpunkt überall ist. Weil er das Denken, das spaltend ist, in Frage stellt, sagt er auch, die Subjekt-Objekttrennung werde in der Mystik aufgehoben [s. auch a.a.O.] Jaspers, der sich auch mit N. v. Kues befaßt, ist der Meinung, wir denken gespalten, nämlich als denkendes Subjekt und als gedachter Gegenstand. Martin Buber, der ein Buch über die Ich-Du-Beziehung schrieb, hält die Beziehung für das Eigentliche. Ich und Du stünden dem Gedanken der Mystik entgegen.

524   Fritz Mauthner, "Beiträge zu einer Kritik der Sprache" 1901

525   ebd. 231

526   ebd.

setzt das Mystische dem „spekulativen" gleich. Alles Vernünftige gehe „über den Verstand hinaus", ohne deswegen „dem Denken unzugänglich zu sein"[527].

Die Kunst läßt die Mystik ebenfalls nicht unbeachtet. Man denke an Berninis Auftragsarbeit von 1647, den Altar mit der Verzückung der hl.Theresa von Avila, der in seinem architektonischen Aufbau auf das Wunder ausgerichtet ist, das sich auf der Altarszene vollzieht.[528] oder an Rene-Michel Slodtz, dessen „Verzückung der hl.Theresa" dasselbe Thema zum Inhalt hat.[529] Mystizismus meint mit dem eher abwertenden Begriff eine Einstellung, mit deren Hilfe Erkenntnis nicht durch rationale Analyse, sondern durch ein wohl verschwommen gemeintes „geistiges Schauen" verborgener Wahrheiten gewonnen wird.

Die Ausnahme der europäischen Mystik, die hier von Bedeutung ist und in dem Zusammenhang nicht unerwähnt bleiben darf, ist der italienische Mystiker Franz von Assissi (†1226), den Heiler in seinem ersten Vortrag über die Kontemplation der christlichen Mystik den ursprünglichsten aller dieser großen Kontemplativen nennt, und der, wie wir wissen, besonders fuer Sâdhu Sundar Singh ein großes Vorbild war.

Das kontemplative Leben zeigte sich auch in den vier Benediktinerinnen:
Hildegard von Bingen († 1179) - Gertrud von Helftä († 1302) - Mechthild von Magdeburg († 1280) - Juliana von Norwich, mit dem Beinamen „theodidacta profunda ecstatica"(† nach 1413)

Die Kontemplation des F.v.Assissi, der unberührt blieb von mystischem Schrifttum, blieb das schlichte, innige Gebet, bereichert durch die Betrachtung der Natur, den leidenden Christus und die Altarsakramente. Wichtig für F.v.Assissis Stigma waren die Kontemplation seiner Wundmale und die Einigung mit seiner leidenden Liebe.

Der Fürst der mittelalterlichen Scholastik, Thomas v.Aquino, hat bekanntermaßen der Erörterung der 'vita contemplativa' im Unterschied von der 'vita activa' eine besondere Darstellung in seiner 'Summa theologica'[530] gewidmet.

---

527   ebd.

528   'Ecstasy of St.Teresa',the founder of the Discalced Carmelite order and a leading figure of the Counter-Reformation. Rome.Santa Maria della Vittoria.Cornaro Chapel.Drawings by Gianlorenzo Bernini. Princeton.New Jersey 1981

529   Rom 1738. Santa Maria alla Scala

530   II/II 180

GLOSSARIUM (von Terms und bedeutenden Namen oder Orten der Sikhs)

AMRIT, S. AMRITSAR - Taufzeremonie unter den Sikhs unter der Verwendung von geweihtem Wasser, das geheiligt wurde durch die fünf → Piaras oder einen der Gemeinde, während Hymnen aus dem heiligen Granth gesungen wurden

ARJAN oder ARJAN DEV (Amtszeit 1581-1606) - der 5.Guru in der Nachfolge von Nanak, der den Adi Granth (Guru Granth Sahib) zusammenstellte, die Bibel der Sikhs, der Hymnen und Gebete enthielt zum Lobpreis Gottes, geschrieben von allen Heiligen, ob Hindus oder Moslems, die er, abgesehen von seinen eigenen Texten verwenden konnte

BHAVADGITA - „Das Gedicht vom Erhabenen", "das Gotteslied" ist ein Teil des großen Heldenepos Mahabharata. Die Bhagavadgita beinhaltet einen Synkretismus von Atman - Brahman - Mystik - Bhakti - Samkhya und Yoga (Sâdhu Sundar Singh, Suchen nach Gott, S. 70)

GOBIND SINGH - Guru(1676-1708), ein Soldaten-Heiliger in der Nachfolge von Nanak; er veranlasste die Transformation der Sikhs (mehr Disziplin) in die Singhs (militärische 'Löwen'), zum Zweck der Verteidigung gegen Ungerechtigkeit und Tyrannei von Seiten der Gesetzgeber und gab der neuen Institution den Namen 'Khalsa'- die Bruderschaft der Reinen, erreicht durch eine Taufzeremonie, genannt 'Khanda-di-Pahul' oder 'Baptism of the Sword'(Taufe durch das Schwert)

GRANTH - Der Granth, das heilige Buch der Sikhs, enthält ihre Lehre. Sie ist ein entschiedener Monotheismus mit stark pantheistischem Einschlag

GURU - Im Hinduismus ein geistiger Lehrer oder Unterweiser; er wurde mit dem tiefstem Respekt und größter Ehrerbietung behandelt. Ein Guru ist einer, der eine Erleuchtung auf göttliche Art erhält.

- Ein Mensch, in dem sich vollkommene Reinheit und vollkommene Weisheit verbindet. (Gandhi)

GURU GRANTH SAHIB - s.ARJAN → Adi Granth bzw.guru Granth Sahib, die heilige Schrift der Sikhs

INDRA - Einer der großen ind. Götter, der Gott des Firmaments, der, der alles beseelt, den Regen schickt, die Fruchtbarkeit spendet und die Blitze losläßt In der späteren Mythologie, der Herrscher über Swargya (den Himmel der Götter und die seligen Geister)

KABIR (1440-1518) - Ein großer indischer Heiliger und Zeitgenosse des Guru Nanak. Mit Kabir Sahib begann die moderne Zeit, sagt man

KARMA - Der Terminus bezeichnet ein höchst komplexes System von Handlungen und Rückwirkungen, eine endlose Kette von Ursache und Wirkung bewirkend, resultierend aus einem unüberlegten Gedanken, einem unbeabsichtigt geäußerten Wort oder einer unabsichtlichen Handlung; jede von diesen hat ein Potential von Auswirkungen, nicht nur in diesem, sondern auch in den zukünftigen Leben, einerseits kann man es vielleicht glücklich vergessen, andererseits kann man verfehlen, das Kettenglied zu finden und man kann es ein reines 'Schicksal' nennen.

KHALSA - [arab. halis, "die Reine"], Die Bruderschaft der Reinen im Sikhismus, s. Gobind Singh

MAYA - [Skt, Illusion oder Täuschung] Ein Terminus, der häufig in den Upanishads vorkommt...[Guru Nanak, S.157]

NANAK [1469-1539] - Gründer der Sikhs, geboren in dem Dorf Talwandi,nahe bei Lahore im Punjab, entstammt der Khatri-Familie. Er schloss sich an Kabir an und predigte, wie sein großer Zeitgenosse, den Glauben an einen Gott, einen monotheistischen Glauben, gemischt aus hinduistischen und moslemischen Elementen und solchen, die gleichermaßen anerkannt und von beiden Religionen verehrt wurden

PIARAS - Die Institution der Geliebten Gottes, eine Einrichtung des Guru Gobind Singh, wenn 5 Personen der Gemeinde versprachen, ihr Leben als Opfer der Göttin Shakti zu weihen. Man nannte diese die 'Khalsas' oder Bruderschaft der Heiligen, d.h. wenn 5 Khalsas zusammenkamen in Seinem Namen (Gottes Namen), so wußten und fühlten sie Seine Gegenwart unter sich.

QURAN - [Arb.Qur'an, Lektüre]. Das heilige Buch der Mohammedaner; die Bibel des Islâm, geschrieben in reinem Arabisch, wie es dem Propheten durch Gabriel offenbart wurde

RAMA - Die 7.Inkarnation von Vishnu und der Held des großen Epos Ramayana

RAMAKRISHNA [1836-86] - Der Hohepriester der Göttinnenmutter Kali von Dakshineswar, nahe bei Kalkutta. Durch seine regelmäßige Andacht offenbarte sich ihm die Göttliche Mutter. Er versenkte sich in den Yoga, meditierte in jeder erdenkbaren Weise und realisierte das absolute Brahma. Er vereinigte die wesentlichen Merkmale von Allah, Christus und dem Meister-Yogi und stiftete den zusammensetzenden Wert aller Religionen, was als sein größter Beitrag zum Geist seiner Zeit anzusehen ist; denn er legte im Wesentlichen den Grund für eine lebendige Harmonie der Religionen und eine gemeinsame Glaubensverbundenheit

RISHI - Im Hinduismus ein inspirierter Dichter oder Weiser. Die Hymnen der Veden wurden den sieben Rishis offenbart, bezogen auf die Prajapatis (die höchsten unter den Leuten), die aus dem Geist des Brahman geboren wurden

SADH oder SÂDHU - Die Verkörperung einer disziplinierte Seele mit verborgenem Zugang (innerem Umgang) wie ein Par-Brahm (Brahmane). Seine Größe und sein Glanz gehen hinaus über das Himmelsgewölbe und die Sphären

SAHIB - Das oberste Sein, 'the Overlord of all'; es wird wie ein Suffix an Namen oder Heilige angehängt, als Zeichen der Ehrerbietung,z.B. Kabir Sahib

SAMNYASA - In der Gîtâ: (alle) Arbeit und doch keine Arbeit

SASTRAS - Religionsbücher; diesen Namen erhielten die heiligen religiösen und gesetzlichen Textbücher der Hindus

SITA - Die Heldin des großen Ind.Epos'Ramayana, Frau und Geliebte Ramas.

SHIVA - ('der Gnädige') Eine ursprünglich vorarische Gottheit in Yoga- Positur ist neben Brahman und Vishnu die 3. und für seine Anhänger wichtigste Figur des Hinduismus. Er gilt als Gott der Zerstörung. Als 'Leichenbrennplatztänzer' verbrennt er am Ende jeder Weltperiode alle Welten und tanzt [Religion in Geschichte und Gegenwart, Bd. VI, S. 13], zu seinen Füßen den Daimon besiegend, das Böse. Er tanzt im flammenden Weltall, mehrarmig; seine Haare sind die Fluten des Ganges, der Ganga, in denen sich Flußgottheiten tummeln. Er zerstört und gleichzeitig erschafft er das Weltall.

SHRUTI - [Skt, 'Offenbarung'] Der Teil der Vedischen Schriften, die den alten Rishis [s. Rishi] unmittelbar offenbart wurden

SMRITIS -[Skt, Der Teil der Veden, der erinnert ist - im Gegensatz zu den SHRUTI, die offenbart sind] Der Hinduistische Terminus für Inspiration oder inspiriert Geschriebenes, das solche Werke einschließt wie die zwei großen Epen und die Puranas

SUFI - Muslimische Mystik (Arb. Suf, 'Wolle'); die früheren Sûfis waren eher Asketen als Mystiker. Der Mystizismus entwickelte sich in Persien und nicht in der Arabischen Wüste. Pantheistischer Zentralismus ist der wesentliche Charakter des Sûfismus. Es zeigt eine Person mit einem reinen Herzen UPANISHADS -[Skt]. Die Upanishads sind esoterische oder mystische Lehrbücher und machen den geistigen Großteil der Veden aus. Die philosophischen Abhandlungen stammen von alten Waldbewohnern, die sie ihren Schülern überlieferten

Es gibt ~100 solcher Texte,die mit Problemen wie dem Entstehen des Universums, dem Charakter der Gottheit, der Natur der menschlichen Seele und ihrer Beziehung zu Materie und Geist zu tun haben

VEDA -(Skr), s. Appendix über die Veden. Der Gedanke des (hen kai pan - ἕν καὶ πᾶν) taucht bei den vedantischen Mystikern auf (s.Heiler, F. Sâdhu Sundar Singh, S.15). Der starke Einschlag des vedântischen Pantheismus und des Islâmischen Fatalismus beeinflussen den Offenbarungsgedanken, der u.a. als ein Element der Sikhreligion anzusehen ist [ebd.23]

[Glossarium,s.The Jap Ji,The Message of Guru Nanak,149-171]

Sikhismus

Wenn zwei große Religionen aufeinandertreffen - in dem Fall der Hinduismus und der Islâm (Die Mohammedaner waren im 11.Jh gewaltsam bis zum Indus vorgestoßen, hatten New Delhi besetzt und sich sichtbar in Form der Dynastie der Moguln in Indien etabliert) - dann steht zu erwarten, daß es irgendwo zu einer Synthese kommen muß. Aus einem solchen Impuls entstand die Religion der Sikhs (Ninian Smart, The long Search, U.K.1977, Die großen Religionen, München 1981, Kap.1, 27ff.), die ihren zeitlichen Ursprung im 15. Jh nC in Nordindien nahm, wo sich Hinduismus und Islâm begegneten (ebd.271), wobei der Islâm es niemals zu so großer Duldsamkeit brachte wie der Hinduismus. Die eigenständige Entwicklung des Sikhismus, der eigene Wege der Frömmigkeit einschlug, ist wohl auch aus der Unzufriedenheit mit beiden Weltreligionen zu verstehen, aus denen er resultiert. Der Sikhismus stellt eine Reformreligion dar, die eine höhere Synthese von Hinduismus und Islâm zu vollziehen suchte. Ihr Gründer, der Guru Nânâk (1469-1539), zugleich der Stifter von Sundar Singhs Mutterreligion und sein Vorbild, suchte auf der Grundlage eines bilderfreien Monotheismus Hindus und Muslime zu einigen. Vom Islâm übernahm er den strengen Monotheismus; die maßgeblichen Ideen von der Seelenwanderung, brâhman, das Karmagesetz von den Hindus (ebd. 136 f.). Unter den neun Nachfolgern Nânâks, den Gurus der Sikhs (Guru bedeutet ind. Lehrer), breitete sich der Sikhismus im Pânjab aus. Als dessen Vorläufer ist Kabir anzusehen (1440-1518) (Carl Clemen, Die Religionen der Erde, München 1927,272 f.), bei dem es bereits zu einer Mischreligion zwischen Hinduismus und Islâm gekommen war. Wie dieser verwarf Nanak den Bilderkult, den Glauben an göttliche Inkarnationen, indem er die Leitgedanken hinduistischer Religion (die maßgeblichen Ideen von der Seelenwanderung) mit dem Monotheismus des Islâm verband. Mit der indischen Bhaktifrömmigkeit ausgestattet wird der alleinige Gott mit dem Vishnu-Namen 'Hari' benannt

Die Reformen führten zur Sektenbildung.Unter Gobind Singh [1675-1708], dem 10.und letzten Guru wurde der 'Adigrantha', auch 'Adi Grantha' (die meist aus Gedichten der Gurus bestehende heilige Schrift der Sikhs) zum 'Schriftguru' der Sikhgemeinde ernannt: Karma-Lehre und Geburtenkreislauf «Samsara», aus dem der Gläubige durch ein auf Ausgleich zwischen irdischen und jenseitigen Dingen bedachtes Handeln und durch Gottesliebe «Bhakti=innige Frömmigkeit» erlöst wird, behielten ihre Gültigkeit. Dieser ließ alle männlichen Sikhs ihrem Namen das Wort 'Singh' („Löwe") hinzufügen (s.auch S. S. 'Singh'). Gobind suchte das Kastenwesen abzuschaffen und gründete die 'Khâlsa'(Vereinigung der Reinen; s.Glossarium), deren Mitglieder in einer besonderen Zeremonie aufgenommen wurden; seitdem tragen alle männlichen Mitglieder ein Schwert und ungeschnittenes Haar unter dem Turban. Unter Gobind Singh wurden die Sikhs zu einer militanten Gemeinschaft, die im 18. Jh schweren Verfolgungen mit kriegerischen Verwicklungen ausgesetzt war, bis im Pânjab unter Ranjit Singh (1780-1839) ein starkes Sikh-Reich entstand, das nach dem 2.Sikh-Krieg 1849 eine Provinz British-Indiens wurde. 1947 mußten die Sikhs den an Pakistan gefallenen Teil verlassen. (Brockhaus Enzyklopädie, Mannheim 1986, Bd.20, 271/272) Seitdem sind immer mehr hinduistische Elemente in die Sikh-Religion eingedrungen. Die Grenze zwischen Sikhs und Hindus wurde, nach Ninian Smart (Die

Grenze zwischen Sikhs und Hindus wurde, nach Ninian Smart (Die großen Religionen, 132/273) nie sehr eng gezogen.

Als geistiger Mittelpunkt der Sekte, in der der Kastenunterschied aufgehoben war, wurde zum einen das Zentralheiligtum, der 'goldene Tempel' inmitten des heiligen Teiches Amritsar gegründet, zum andern als heiliges Buch der 'Granth Sahib' ('granth' = Buch, 'Sahib' = vornehmer Herr) geschaffen. Deshalb gelten Amritsar und Lahore (Herkunft des Guru Nânâk) als die beiden Zentren der Sikhs.

Nach Ambedkar (Jürgens, Diss.über B.R.Ambedkar,München/Frankfurt 1994, S. 79 f.) kann die Religionsgemeinschaft der Sikhs, eine Minderheit im Schmelztiegel der indischen Religionen darstellend, in keiner Weise als hilflose Minderheit gelten. Im Gegenteil zählt dieser sie wie die Moslems zu den machtvollsten Religionsgemeinschaften in Indien. (Zitat: „Both the Mussalmans and the Sikhs... ";ebd. S. 79) Die Struktur, in der sie organisiert sind, ist gekennzeichnet von militärischer Tradition (gegen den Druck der Moghulkaiser), die vor Gewaltanwendung nicht zurückscheut. Gewaltlosigkeit, wie sie Mahatma Gandhi anstrebt, praktiziert und fordert, ist dem Charakter der Sikhs fremd. Dhananjay Keer (ebd. S. 12) schreibt, daß der Sikhismus nicht als dem Hinduismus fremde Religion galt, sondern als dessen Ursprung geradezu eine 'Ehe' mit demselben einging, und den Sikhs erlaubt war, Glieder der Hindu Mahasabha zu sein. (Zitat: „...the Sikhs - who are no more than militant and protestant Hindus...";ebd. S. 80) Ambedkar als Zeitgenosse Sundar Singhs, der den polytheistischen Reformhinduismus Gandhis kritisiert, lobt das Sozialverhalten der Sikhs [ebd.]. Eine monotheistische Religion wie der Sikhismus müßte auch auf gesellschaftlichem Gebiet solidarische Züge aufweisen. Jedoch vollzieht Ambedkar, der, anders als Sundar Singh, der Kaste der Unberührbaren entstammt, den Schritt, zur Religion der Sikhs zu konvertieren, nicht - gerade wegen der gesellschaftspolitischen Problematik - obwohl er sich dieser monotheistischen Religion des indischen Kulturkreises zunächst zuwendet, von der sich, wie sich später erweist, ja auch Sundar Singh abwenden wird.

Die Religionsgemeinschaft der Sikhs, eine Minderheit im Kontext indischer Religionen. Resultate der ind. Volkszählung von 1921 ergaben als Gesamtzahl der Inder (mit Birma, ohne Ceylon) 316 128 721. Nach religiösen Bekenntnissen eingeteilt:

A

Hindus:	216 700 000
Sikhs:	3 200 000
Buddhisten:	11 600 000
Jinisten:	1 200 000
Parsen:	101 800
Mohammedaner:	68 700 000
Christen:	4 750 000
Juden:	21 800
Primitive Religionen:	9 800 000

Brahmanische Hindus bilden den größten Teil der indischen Bevölkerung. Die kleine Gemeinschaft der Sikhs kann als Appendix dieser Gruppe angesehen werden.

Zum Vergleich: In den Nachrichten des Bayer.Rundfunks 1995 war von 3% Christen in Asien die Rede, und daß der Papst Asien missionieren wolle (Asien ≠ Indien)

Vergleichsweise, und auch um das Wachstum des Christentums und der christlichen Kirchen in Indien abzulesen, wird eine Statistik von 1982 (B) und 1987 (C) gegenübergestellt:
B

	1900	%	1985	%	2000	%
Hindus:	184.022.700	80.0	547.123.500	78.8	806.366.000	76.1
Muslims:	31.552.700	13.7	80.540.000	11.6	127.131.000	12.0
Christians:	3.820.200	1.7	27.078.000	3.9	49.793.000	4.7
(professing)	2.670.000	1.2	19.441.000	2.8	33.902.000	3.2
Roman Catholics:	1.470.000	0.6	9.026.000	1.3	15.891.000	1.5
Protestants:	505.000	0.2	7.978.000	1.1	13.911.000	1.3
Orthodox:	220.000	0.1	1.237.000	0.2	1.700.000	0.2
Indian indigenous:	60.000	0.0	1.200.000	0.2	2.400.000	0.2
Anglicans:	415.000	0.2	0	0.0	0	0.0
(affiliated)	3.820.200	1.7	27.078.000	3.9	49.793.000	4.7
Roman Catholics:	1.920.000	0.8	11.803.000	1.7	21.100.000	2.0
Protestants:	650.000	0.3	10.966.600	1.6	20.015.000	1.9
Orthodox:	610.000	0.3	1.606.000	0.2	2.200.000	0.2
Indian indigenous:	90.000	0.0	2.650.000	0.4	6.357.000	0.6
Anglicans:	550.000	0.2	350	0.0	1.000	0.0
Sikhs:	2.180.000	0.9	13.886.000	2.0	23.307.000	2.2
Buddhists:	200.000	0.1	5.554.000	0.8	10.594.000	1.0
Jains:	1.320.000	0.6	3.200.000	0.5	4.238.000	0.4
Non-religious:	10.000	0.0	4.166.000	0.6	21.189.000	2.0
Parsis:	93.000	0.0	115.000	0.0	160.000	0.0
Jews:	17.000	0.0	11.500	0.0	17.000	0.0

World Christian Encyclopedia ed. by David B. Barrett, Oxford 1982, Art India p. 370

C. STATISTIK DER INDISCHEN CHRISTENHEIT (SCHÄTZUNG FÜR MITTE 1985)

Verteilt man die Thomaschristen auf die entsprechenden Konfessionen, so ergeben sich folgende runde Gesamtziffern für sich zum Christentum bekennende Inder in Indien:

Syrisch-orthodoxe Christen:	1.500.000
Römisch-katholische Christen:	9.900.000
Evangelische Christen:	8.800.000
Übrige:	1.400.000
Insgesamt:	21.600.000

oder nahezu 2.9% der Bevölkerung (746 Millionen).

Evangelische Kirchen mit mehr als 100.000 Gliedern sind:

The CMS Anglican Church of India (CSI-Schisma)	107.000
The Church of North India	580.000
The Church of South India	1.600.000
The Convention of Telugu Baptist Churches	500.000
The Council of Baptist Churches in North East India	1.065.000
The India Mennonite Brethren Church	120.000
The Indian Pentecostal Church of God	120.000
The Mar Thoma Syrian Church	350.000
The Methodist Church in India	900.000
The Presbyterian Church of North East India	324.000
The Salvation Army	500.000
The United Evangelical Lutheran Churches in India	850.000

Die Streuung der christlichen Bevölkerung über ganz Indien ist sehr ungleichmäßig. Mehr als 63% leben allein in den drei südindischen Bundesländern Kerala, Tamil Nadu und Andhra Pradesh. Dieselbe Ungleichmäßigkeit gilt für den christlichen Anteil an der Gesamtbevölkerung in den verschiedenen Gegenden. Nagaland 80%, Meghalaya 53%, Kerala 21%, Tamil Nadu 5,8%, Andhra Pradesh 2,7%, Uttar Pradesh 0,15%, Haryana 0,09%.

Theol.Realenzyklopädie TRE Bd.XVI, Berlin 1987

Hinduismus

I. Lokalisation und Entstehung

Zu den Hindus, die ~90% der Bevölkerung der Indischen Union ausmachen, rechnet man auch die Angehörigen der vom orthodoxen Hinduismus abweichenden Sekten und Glaubensrichtungen dazu.

Das Wort 'Hindu' ist eine MAliche persische Bezeichnung für die Bewohner Indiens, die sich im Indusfluß (sanskr.'sindhu', pers.'Hindus') angesiedelt haben. Im 18.Jh löste er den Begriff 'Heiden' ab (Gentoo), mit dem die Europäer andersgläubige Inder bezeichnet haben (s.'Heidenmission'; ein durchaus verwendeter Begriff meines eigenen Urgroßvaters, der als Missionar der Leipziger Mission in Madras die 'Heiden' missionierte). Seit der Islâm sich in Indien um ~1000 nC ausgebreitet hat, nennen die Muslime alle Nichtmuslime Hindus.

Der Hinduismus, dessen Mutterboden der Subkontinent Indien darstellt, und der aus einer Verschmelzung der polytheistischen vedisch-brahmanischen Religion der arischen (indogermanischen) Einwanderer [~2.Hälfte des 2.Jh vC] mit den nicht-arischen Religionen des Industals und des dravidischen Süd-Indien erwuchs, ist eine im Westen gebildete Bezeichnung für die religiösen Traditionen der v.a.in Indien lebenden Hindus. Durch die Glaubensformen von Neueinwanderern und Nachbarvölkern ständig beeinflußt und erweitert ist der Hinduismus in erster Linie eine soziologische Bezeichnung des Lebens innerhalb der indischen Kasten, das von zahllosen Religionen bestimmt wird.

Im Unterschied zu anderen Hochreligionen hat der Hinduismus keinen Stifter, besitzt keine allgemeinverbindliche Dogmatik und bekehrt keine Individuen. Er ist die 'ewige Religion' (Sanskr.'sanatana dharma'), die seit jeher bestand und immer wieder neu von heiligen Männern, Sehern, die mitunter als Avataras (göttliche Inkarnationen) gelten, verkündet wurde. Sein Beginn wird, streng- genommen, auf die Upanishadenzeit [~800 vC] datiert. Grenzt man diese Periode als Vedismus oder Brahmanismus ein, so wird der Beginn des Hinduismus in seiner heutigen Form mit der 2.Hälfte des 1. Jt.s angesetzt. Hindus können Polytheisten, Monotheisten oder Atheisten sein; sie zeichnen sich nicht durch ein gemeinsames Glaubensbekenntnis an einen Gott aus. Maßgeblich für den Hinduismus ist die Zugehörigkeit eines jeden zu seiner Kaste und die Anerkennung des Veda. Hindu wird man durch die Geburt.

II. Zur Lehre des Hinduismus

Das religiös-soziale System des Hinduismus besagt, daß die von vergänglichen Lebewesen bevölkerte Welt eine Stufenleiter bildet, beginnend bei den Pflanzen und aufsteigend bis zu den höchsten Göttern. Die Menschheit, die das Mittelstück bildet, zerfällt in verschiedene Klassen, als deren oberste die Hindukasten gelten. Die Zugehörigkeit zu einer bestimmten Kaste erfolgt nach den Lehren vom ewigen Kreislauf von Geburt, Tod und Wiedergeburt der individuellen Seele «Samsara» und durch die unerbittliche Wirksamkeit des Karma-Gesetzes, durch die sittliche Weltordnung «Dharma» bedingt. Der Kosmos wird beherrscht von der moralischen Vergeltungskausalität aller guten und bösen Taten der jeweils vorausgegangenen Existenz. Danach wird jedem Lebewesen sein Platz zugeordnet. Die Seelenwanderung, die ohne Anfang ist, findet ein Ende nur dann, wenn die durch alle vorausgegangenen möglichen tierischen, menschlichen, höllischen und himmlischen Existenzen geläuterte Seele durch selbsterworbene Erkenntnis, Entsagung der Welt oder göttliche Gnade letztendliche Erlösung von jeglicher weltlicher Bindung erreicht «Moksha». Von manchen Schulen wird dieses Eingehen ins «Nirvana» als verklärtes individuelles Dasein bezeichnet, von anderen als Aufgehen des individuellen Selbst «Atman» in das unvergänglich Absolute, das «Brahman», mit dem es ursprünglich identisch ist. Die Brahmanen, der erbliche Priesteradel an der Spitze der Kasten sind zugleich Hüter des Veda, der heiligen Offenbarung. Obwohl die vedischen Schriften bei allen Hindus absolute Autorität genießen, spielen sie für den religiösen Alltag der Hindus keine Rolle, sondern werden von anderen Werken «Smriti-Schriften» ersetzt, wie z.B. Epen, Tantras, Puranas oder Gesetzbüchern «Dharmashastra», die den Veda erläutern oder ergänzen.[531]

Die heiligen Bücher der Inder: Die Vêden

Der gemeinsame Name für die ältesten Texte der ind.Literatur ist 'Vêda'; das bedeutet (Heiliges) Wissen. Der 'Vêda', eine geoffenbarte Sammlung von Liedern, Sprüchen und Prosastücken, wird wegen seiner Offenbarung 'sruti' «Gehörtes» genannt, im Unterschied zu 'smrti' «Erinnertes», was von Menschen verfaßt wurde. Die ältesten Teile des Vêda dürften um 1500 vC im nordwestlichen Teil Indiens, im Pandschab, verfaßt worden sein; die jüngsten Teile stammen aus den ersten Jh.en nach Budha, also nach 500 vC. Ein absolutes Datum ist noch für keinen vedischen Text festgestellt worden. Die Redaktion der Texte differiert innerhalb der angegebenen Zeitspanne. Es wird angenommen, daß einige der jüngeren 'Sûtras' erst in den ersten Jahrhunderten n. C. verfaßt wurden.

Anhaltspunkte für die Entstehung der Vêden sind der Grammatiker Patanjali (um 150 vC) und die Entstehung des Buddhismus (um 500 vC), der die literarische und religiöse Entwicklung vom 'Rgveda' bis zu den älteren 'Upanisads' voraussetzt.

Mündl.Überlieferungen zufolge wurde der Vêda wohl zuerst um 1000 nC schriftlich niedergelegt. Die Mehrzahl der schriftl.Manuskripte wurde sogar erst nach 1500 abgeschrieben, also erst im 2.Jahrhundert n. C. Autoritativ gilt nach wie vor die mündliche Überlieferung, ist bis in unsere Zeit hinein als mdl.überlieferte Literatur zu bezeichnen.

Die Zahl der Brahmanen, die die Vêdentexte auswendig können, vermindert sich rapide. Die mündliche Tradition einiger Vêda-Schulen ist bereits ausgestorben. Auf diese Weise sind viele Vêda-Texte verlorengegangen.

---

531   Brockhaus Enzyklopädie, Mannheim 1986 Bd. 10, 88 f.

Nach ind.Überlieferung besteht der Vêda aus vier Teilen (europäische Version):

1) Rgveda «Wissen von den Versen»
2) Samaveda «Wissen von den Opfergesängen»
3) Yajurveda «Wissen von den Opfersprüchen»
4) Atharvaveda «Wissen von den Zaubersprüchen der Atharvans und Angiras»

Die Verse «rc» des Rgveda werden vom Hotar «Gießer» rezitiert, die Melodien «saman» des Samaveda vom Udgatar «Sänger» gesungen, die Opfersprüche «Yajus» des Yajurveda vom Adharyu «Opferverrichter» gemurmelt die Zaubersprüche des Atharveda vom Brahman «Oberpriester», der den Gesamtablauf des komplizierten Rituals zu überwachen hatte.

Diese vier Vêda-Teile unterscheiden sich noch in fünf Textschichten:

1) Samhitas «Sammlungen»
2) Brahmanas «Erklärungstexte des Opferrituals»
3) Aranyakas «Wildnistexte»
4) Upanisads «Geheimlehren»
5) Sûtras «Leitfäden»

zu 1) Als ältester Teil des Vêda überhaupt wird der Rgveda angenommen, der zum ältesten Abschnitt des vedischen Textkorpus gehört, der von der Gruppe der Samhitas gebildet wird.

zu 2) Die zum Rgveda gehörigen Brahmanas behandeln ursprünglich nur das feierliche Soma- (Rauschtrank-) Opfer.

zu 3) Wegen ihrer magischen Gefährlichkeit wurde diese Rituale am geheimsten gehalten, die nicht im Dorf, sondern in der Wildnis „von wo man die Dächer des Dorfes nicht sieht" ausgeübt wurden.

zu 4) Als letzte Textschicht schließen sich die ältesten Upanisads an, die von den Indern noch der 'sruti' «übernatürliche heilige Offenbarung» zugerechnet wird. Sie gehören zur 4.Epoche der vedischen Literatur, sind auch sprachlich noch echt vedisch.

DIE SPRACHE DER VÊDEN IST DAS SANSKRIT.

4.1. Die Hauptfrage der älteren Upanisads ist die nach dem Schicksal des Menschen nach seinem Tode. Ihre Beantwortung erfolgt meist in individueller Weise einerseits durch Lehrgespräche einiger großer Denker und Mystiker, andererseits durch Lehrtexte und allegorische Erzählungen unbekannter Autoren.

4.2. Die mittleren Upanisads, vorwiegend aus nachbuddhistischer Zeit stammend, zeigen Einflüsse des Buddhismus und der philosophischen Systeme. Stilistisch

- meist in den Rahmenerzählungen, sonst überwiegend Verse - lehnen sie sich an die älteren Upanisads an.

4.3. Die jungen Upanisads haben mit den beiden anderen Gruppen nur noch den Namen gemeinsam. Das Wort 'upanisad' bedeutet nur noch 'Geheimlehre'. Sie werden dem erst spät kanonisch gewordenen Atharvaveda zugeordnet, sind z.T. erst in unserem Jt, sogar erst bis ins letzte Jh, entstanden. Für den europäischen Raum wichtig wurde die 1656 eines Moghul-Prinzen beauftragte Sammlung von 50 Upanisads, die 1801/02 von Duperron ins Lateinische übertragen wurde und auf die Philosophie Schopenhauers den größten Einfluß nahm.

Die Upanisads, die in drei deutlich erkennbare Gruppen eingeteilt werden können, bilden eine erst sekundär in nachchristlicher Zeit zu einer Sammlung zusammengestellte Gruppe von Texten naturphilosophischen und mystischen Inhalts, deren älteste Teile in vorbuddhistischer Zeit (vor 500 vC) entstanden sind. (Kindlers Literaturlexikon, Zürich 1984, S. 9765-9767)

zu 5) Die in jedem der vier Teile des Vêda auf die Upanisads folgenden Sûtras werden von der indischen Tradition nicht mehr auf die heilige Offenbarung «sruti», sondern auf die menschliche Überlieferung «smrti» zurückgeführt. Bei den Sûtras handelt es sich um spätvedische Texte. Die ältesten Sûtras stellen bei den verschiedenen Arten des Opfers das komplizierte Ritual ausführlich dar, zum Memorieren für den Priester gedacht.

Die späteren Sûtras dagegen bemühen sich um einen möglichst knappen Ausdruck. Die Sûtra-Literatur insgesamt weist mehrere, inhaltlich unterschiedene aufeinanderfolgende Textschichten auf. (ebd. S. 9838-42)

BEDEUTUNG DER UPANISHADEN:

Die Upanishaden heißen Vedanta,"Schluß, Ende des Veda", wahrscheinlich wegen ihres Platzes am Ende der Vedasammlungen, später in der Bedeutung „Erklärung, Ziel, Vollendung der Veden". In den Upanishaden sind bereits die größten Worte Indiens gesagt. Sie sind das „höchste Wissen" Indiens. Auch die Bhakti- Frömmigkeit beruft sich auf sie. Die Erlösung durch Wissen kennzeichnet die Upanishaden; dieser Punkt unterscheidet sie von der Bakhti-Religion.(Söderblom,N.: Kompendium der Religionsgeschichte. S. 217 ff.) 1.Samkhya und 2.Vedanta,zwei scharf geschiedene Typen, die sich daraus bildeten, besagen: 1. Die Samkhya, Indiens erstes Spekulationssystem, konnte die Welt nicht als eine Gesichtstäuschung abfertigen, sondern ging von zwei Prinzipien aus, einem niedrigeren und einem geistigen. Der Urheber Samkhyas wurde von selbständigem philosophischen Interesse dazu beseelt, die Welt zu erklären. 2.Für den Vedânta ist das Atman-brâhman alles. Die Welt der Phänomene, die Mannigfaltigkeit und die Individualität entsteht durch einen Zauber, eine Gesichtstäuschung «Mâyâ». Ihr ist der Mensch ausgesetzt, bis er die wahre Erkenntnis erlangt hat. Ihrem Grundriß nach sind sie älter als der Buddhismus. (ebd. S. 220 f.)

DIE BHAGAVADGÎTÂ

Die Bhagavadgîtâ gehört im strengen Sinne nicht mehr zu den Vêden, sondern, weil später als diese entstanden, zum Bereich der von Menschen verfaßten Überlieferungen «smrti» (Waldenfels, Religionen als Antwort 14)

DANKSAGUNG

Mein herzlicher Dank gilt meinem von mir sehr verehrten Magistervater Herrn Professor Dr. Horst Bürkle für die Vergabe des faszinierenden Themas und geduldige Begleitung meiner Arbeit.

Meinem – ebenfalls von mir hoch geschätzten – Dozenten Herrn Dr. Dr. Alexander Lohner, möchte ich in gleicher Weise ganz besonders herzlich für seinen aufgeschlossenen Rat und Ermutigung danken, ohne den diese Arbeit und somit mein Zweitstudium nicht zustande gekommen wären.

Prof. Christopher Shelke aus Poona/Indien, der jetzt an der Päpstlichen Pontificia Università Gregoriana in Rom lehrt, gilt mein besonderer Dank für seine meine Arbeit geduldig begleitenden, verständnisvollen und klärenden Diskussionsbeiträge, durch die er mir den indischen Aspekt transparent machte und verinnerlichte.

Insbesondere gilt meine Danksagung auch den von mir sehr geschätzten Professoren Dr. Jörg Jeremias aus Marburg und Dr. Manfred Görg von der LMU in München, deren interessante und tiefgründige theologische Gespräche mir sehr aufschlußreich waren; ebenso Dr. Frank Büttner, Vorstand des Instituts für Kunstgeschichte in München.

Die in Nürnberg lebende schwedische Theologin Frau Barbro Jakhammer Meyer übersetzte dankenswerterweise Auszüge aus Texten von Nathan Söderbloms 'Sundar Singhs budskap'(Stockhom 1923) und Évangelistik mystik i en indisk själ' in 'Tre Livsformer: Mystik (Sundar Singh), förtröstan, vetenskap' (Stockholm1922) aus dem Schwedischen.

www.ingramcontent.com/pod-product-compliance
Lightning Source LLC
Chambersburg PA
CBHW020126010526
44115CB00008B/1000